TANJA WESSKAMP-LENKEWITZ

MEINE Auszeiten RUHRGEBIET

DURCHATMEN & KRAFT SCHÖPFEN

DROSTE

Luftsprünge mit Begleitung

*Ein Herzensdank an meinen
lieben Mann und Weggefährten Christoph,
der mich ermutigt hat, meine Ideen und Worte zu
diesem Buch werden zu lassen, der jeden Weg durch
sein Staunen, Mitfühlen und Lachen noch schöner
gemacht hat. Danke an meine im Leben stehenden
Kinder, an meine liebevollen Eltern und Freunde,
die mir mit konstruktiver Kritik, Geduld und
Vertrauen den Rücken gestärkt haben.
Danke an alle Besuchten, die mir ihr
Herz, ihr Projekt und ihr Zuhause
geöffnet haben.*

Liebe Auszeit-Suchende,

wilde Brombeeren wuchern durchs Ruhrgebiet. Unberechenbar, unbändigbar, allen geschichtlich bedingten Vorurteilen durch Bergbau und rauchende Schornsteine zum Trotz. Das Revier an der Lebensader Ruhr ist unfassbar grün! Ebenso wie sich die kleinen Kugeln der Einzelfrüchte untrennbar zu einer Beere zusammenschmiegen, bilden die Städte der Metropole Ruhr eine feste Einheit – geprägt von kreativem Lebensgefühl, sinnlichen Selbsterfahrungen und ehrlichen Verbindungen.

Ich habe für dich Kraftquellen gefunden und diese mit ungewöhnlichen Perspektiven, mit vergessenen Gefühlen, mit wärmenden Erinnerungen versehen. Wohlsein ohne Konsum, angeleitete Selbstfürsorge, ein Lebenszauber, der durch bewusstes Spüren erlebbar wird. Auszeiten zum Kraftschöpfen, wenn das Fühlen die Führung übernimmt und Gedanken pausieren. Ich habe geschaukelt, gemalt, gesungen, getanzt, habe Köstliches geschmeckt und Stille als Luxus erlebt. Alle Entdeckungen und Begegnungen bleiben nachhaltig in meiner Erinnerung und bilden einen Schatz, den ich gern mit dir teilen möchte.

Viel Spaß beim Entdecken der süßen Wildnis des eigenen Herzens im beerenreichen Ruhrgebiet!

Deine Tanja Weßkamp-Lenkewitz

Meine Atempause

Meine Kraftquelle

Mein Tag Urlaub

Meine Frei-Zeit

1 *Meine Atempause*

DAS LEBEN SCHAUKELN

Jeden Tag dürfen wir innehalten, das Leben spüren! Das fühlt sich nicht immer gleich, nicht immer unbeschwert an. Und doch geht jeden Morgen die Sonne auf.

Geburtstage sind dazu da, um einmal im Jahr daran erinnert zu werden, warum wir auf der Welt sind. Manchmal kommen sie fast überraschend, mal feiert man sie fröhlich, mal wehmütig. Dabei ist jeder neue Tag ein **Geschenk des Lebens,** eine neue Chance.

In Dortmund gibt es einen ungewöhnlichen Ort, einen Sonnenaufgang zu erleben, einen neuen Tag zu begrüßen. Im Schatten des Förderturms der Zeche Gneisenau liegt der gleichnamige Landschaftspark. Am Fuße der Halde Derne umrundet ein asphaltierter, breiter Spazierweg die Anhöhe. Die Hänge mit wildem Gras und Stauden sind ein **Paradies** für Insekten und Schmetterlinge. Trampelpfade führen hindurch. Bequemer gelangt man über den befestigten Weg auf die Halde der stillgelegten Steinkohlezeche. Der graue Asphalt endet abrupt, öffnet den Blick in die Landschaft des Ruhrgebiets: Weite, Grün, Lichterflackern. Flugzeuge, die im Landeanflug die aufgehende Sonne kreuzen, **Wolkenspiel,** als würde ein Pinsel den Himmel mit Struktur auflockern. Von oben hat man eine wohltuende Distanz zum Geschehen am Fuße der Halde – oder auch zum Alltag. Eine Bank steht bereit, die Welt von diesem Logenplatz aus zu betrachten.

Für mich!
Sonnenaufgang. Ein frühes Wunder

Nun steht man vor dem außergewöhnlichen **Glücksobjekt.** An einem hoch aufragenden orangeroten Stahlgerüst hängen zwei Schaukeln. Lange Eisenketten lassen die großen Amplituden erahnen, mit denen man sich in den Himmel wiegen kann. Aller Anfang ist mühselig: hin und her und her und hin, einfühlend seine Bewegung mit der Schwingung in Einklang zu bringen. Doch dann fegt der Wind durch die Haare und das Herz klopft vor Freude. Einfach die Augen schließen und im **Geschwindigkeitsrausch** die Gedanken fliegen lassen. Selbstverständlich kann man zu jeder Tageszeit den Ausblick genießen und schaukeln, aber vielleicht ist man gerade am Morgen wunderbar ungestört. Außerdem gibt es bestimmt einen Grund, warum die beiden Riesenschaukeln genau nach Osten schwingen.

Landschaftspark Gneisenau, Gneisenauallee, 44329 Dortmund

2 Meine Atempause

SÜSSES DATTELGEHEIMNIS

Geschäftiges Treiben. Eine große Schaufensterscheibe. Ein Blick in einen feinen orientalischen Lebensmittelmarkt. Tritt ein in eine ferne Welt!

Manchen Türen wohnt ein **Zauber** inne: In Zahras Morgenland nähert man sich einem Land der Farben, Gewürze und orientalischen Düfte. Schon vor dem Laden lädt bei schönem Wetter eine Sitzgruppe mit bunt bedruckter Decke zum Verweilen ein. Ein Aufsteller verkündet den täglich wechselnden Mittagstisch auch für vegetarische und vegane Schlemmer. Zahras Bistro befindet sich direkt in einem bunten Spezialitätenladen. Ein großer Marktstand mit geflochtenen Körben setzt täglich frisches Obst und Gemüse, frische Kräuter wie **Minze und Koriander** in Szene. Die Frischetheke beherbergt selbst gemachte Dips und Cremes, **Weinblätterröllchen und Oliven.** Auf der Theke stehen große Gläser mit süßem Gebäck und verfeinerten Datteln. Man findet Gewürze wie Ras el Hanout und Kosmetikartikel aus Arganöl.

An kleinen mosaikbesetzten Tischen plaudern Gäste und schlürfen einen **marokkanischen Mokka** oder traditionell zubereiteten arabischen Tee. Im Zauberland des Geschmacks lohnt es sich, typisch marokkanisch zu frühstücken: Pfannkuchen mit Honig oder pikant gewürzt oder Shakshuka, versunkene Eier in Tomatensoße. Empfehlenswert ist der täglich wechselnde Mittagstisch, aber auch kleine Snacks wie eine knusprig getoastete Falafelrolle mit Sesamsoße und Pink Pickles, einer salzig eingelegten Rübe, oder ein gemischter Vorspeisenteller, um bloß nichts zu verpassen. Das Besondere ist neben den wohlschmeckenden Gewürzen und Gerichten aus **1001 Nacht** Zahras **Extraportion Liebe,** mit der sie ihren Laden führt. Alles schmeckt außergewöhnlich gut und man genießt eine behagliche Wohlfühlatmosphäre im Morgenland. Einen Aufenthalt darf man sich mit dem Blättern in persönlichen Fotobüchern über Marokko versüßen. Wer noch tiefer in das Wissen über die Zubereitung der marokkanischen Köstlichkeiten eintauchen mag, bucht am besten einen Kochkurs mit Zahra oder lässt sich von ihr zu Hause bekochen.

Für mich!
Gaumen und Herz verwöhnen wie in 1001 Nacht

Zahras Morgenland, Kaiser-Wilhelm-Straße 6, 45276 Essen, Tel. (02 01) 51 01 17, www.zahrasmorgenland.de

MEDITATIVES KLANGBAD

Durch kontaktlose Berührung weckt die Zauberkraft der Töne ein Wohlsein, das in jedem Menschen schlummert: Entspannung durch Klangmassage.

In entspanntem Zustand gibt es keinen Druck, sondern ausreichend Raum für alles, was ist. Verspannungen lösen sich, der **Atem fließt** und alles sortiert sich. Klingt einfach, und das darf es auch sein, wenn man sich neugierig auf ein meditatives Vision-Sounds-Konzert mit Marc Iwaszkiewicz einlässt. Betritt man den Ort, einen Kirchenraum, in dem das **Fühlen mit Ohren und Körper** ermöglicht wird, steht man den noch wartenden exotischen Klanginstrumenten gegenüber. Man darf innehalten und schauen, bevor man sich einen Platz in einer der Bankreihen sucht oder einen Liegeplatz aus einer Matte und kuscheligen Decken aufbaut, um ein besonders intensives Klangerlebnis genießen zu können. Sehr empfehlenswert!

Für mich!
Mit den Ohren fühlen, auf Klangwellen schaukeln

Marc Iwaszkiewicz leitet ein, ermuntert zur Selbstfürsorge, schafft Vertrauen. Dann beendet man am besten das Sehen und schließt die Augen. So wandert der Fokus aufs Hören und die Aufmerksamkeit des Augenblicks taucht in **fantastische Klangwelten** ein. Eine große Gongtrommel verbindet sich mit dem Rhythmus des eigenen Herzschlags. Lebendigkeit pur! Der Atem, selbstverständlich, immer da, fließt und beruhigt sich im Feld der wohlig wabernden **Schallwellen.** Abwechslungsreiche Klänge traditioneller Instrumente aus aller Welt tragen die Lauschenden mystisch durch den Abend. Ein wie vom Wind gespieltes Didgeridoo, mit erdig tiefem Ton, wird vom Klang der Saiten einer zärtlich klingenden Koto abgelöst und trägt die ruhenden Körper in eine tiefe und energiespendende Entspannung. Klangschalen mischen ihre Töne, die wie Farben ineinanderfließen. Noch mehr Klangfarbe schüttet Marc Iwaszkiewicz mit seinem Obertongesang zum Grundton der gleichförmig atmenden Shruti-Box über seinem Publikum aus. Man wünscht sich, nie auftauchen zu müssen aus diesem energetischen Klangfeld, aus diesem Zustand unbeschreiblicher Schwingungen der eigenen Moleküle in druckloser Umgebung und wohltuender **Entspannung.**

Traumkraft, Wattenscheider Straße 43, 44793 Bochum,
Tel. (02 34) 9 78 96 39, www.traumkraft.de

MUTIGE KANALKRITZELEI

Das mitgebrachte Notizbuch oder vielleicht ein nutzlos gewordener Zettel werden Heimat für Gedankenspiele und die geschriebenen Worte leeren den Kopf.

Der facettenreiche Wandel des Ruhrgebiets wird an der Stölting Marina spürbar: Hier am Rhein-Herne-Kanal ist ein Wohlfühlort nicht nur für Kapitäne entstanden. Beim **Spazieren** lassen sich ein paar Eindrücke oder inspirierende Gesprächsfetzen sammeln. Wie wäre es, aus ihnen eine Geschichte zu spinnen oder ein spontanes Gedicht entstehen zu lassen?
Die Einfahrt des Hafenbeckens überspannt die imposante Schrägseilbrücke Graf Bismarck. Auf ihrer vollen Länge schmiegt sich eine geschwungene Sitzbank aus Holz ans Geländer und lädt zum **Verweilen** ein. Neben Fußgängern überquert auch der ein oder andere Radfahrer die Brücke. Die Atmosphäre ist ansteckend, und so lächelt man sich verbunden zu oder grüßt sich freundlich.
Auf der anderen Kanalseite fällt der Blick auf ein riesiges Kunst-Tableau. **Mut** steht in weißer Schrift mit schlichter, deutlicher Typografie auf signalrotem Hintergrund. Der Appell-Charakter des Wortes wird auf bildnerischer Ebene verstärkt. Seine Lautstärke wird sichtbar. Das auffällige Schild ist im Rahmen des Kunst-Projekts „Bild am Kanal" im Kulturhauptstadt-Jahr 2010 entstanden. Die Künstler Petra Weifenbach und Axel Sieger regen mit vier weiteren Worten am Ufer des Rhein-Herne-Kanals in ähnlicher Gestaltungsform zum **Nachdenken** über Tugenden an.
Was bedeutet Mut? Ist Mut die Abwesenheit von Angst?
Vielleicht findet sich irgendein brauchbares Stück Papier im Handgepäck, welches mit unzusammenhängenden Assoziationen gleich einem Brainstorming gefüllt werden kann. Was daraus entsteht, ist ohne Perfektion: ein Reim, ein kleines Gedicht, eine Geschichte. Niemand muss es lesen, ein Falsch gibt es nicht, einfach nur **Spaß** an ein bisschen Kritzelei.
Wie ein bequemes Sofa lädt die Bank der Hafenbrücke ein, Platz zu nehmen und die aufkommenden Gedanken zu Papier zu bringen oder mit dem Wind ziehen zu lassen.

Für mich!
Atmosphäre aufsaugen, Gedanken aufschreiben

Hafenbrücke Graf Bismarck, Johannes-Rau-Allee, 45889 Gelsenkirchen

Mut

Kreatives Schreiben

GEDANKEN LANDEN AUF PAPIER

Wie groß ist die Freude, einen handgeschriebenen Zettel mit ein paar lieben Worten von früher zu finden. Zärtliche Worte, eine geteilte Erinnerung, einen Namen mit Herzen verziert. In unserer digitalen Welt landen unsere Kurznachrichten in den unendlichen Weiten von Datenspeichern oder verpuffen, werden weggescrollt und vergessen. Dabei tut Schreiben so unendlich gut. **Kreatives Schreiben** – ohne den Anspruch auf Perfektion und ohne einen potenziellen kritischen Leser. Schreiben, um einen Augenblick in einem Haiku nur für sich festzuhalten. Schreiben, um Ärger und Frust einfach geradeheraus auf Papier zu bringen. Reimen, weil es einfach Spaß macht, selbst wenn es totaler Quatsch ist. Den Kopf von Kummer leer schreiben. Ideen sammeln wie Muscheln am Meer und urteilsfrei in ein Mindmap kritzeln. Beim kreativen Schreiben ist grundsätzlich alles erlaubt, was guttut oder Spaß macht, denn es geht ja gerade darum, etwas Neues, etwas Verrücktes oder noch nie Dagewesenes zu kreieren.

Fünf Wörter – ein Text

Fünf Wörter bilden die Grundlage eines Textes. Fünf Wörter, die inspirierend und herausfordernd in den Augenblick purzeln. Das kann über das Einschalten des Radios geschehen, das können Wortfetzen aus Unterhaltungen im Bus oder im Café sein oder man entdeckt sie beim Durchblättern einer Zeitschrift von Urlaubsziel über Knoblauchkapselreklame bis hin zu grünem Spargelquiche. Aus fünf Wörtern kann eine **verrückte Erzählung** entstehen.

Den Kopf leer schreiben

Die einzige Bedingung für diese Übung ist ausreichend Papier, ein ungestörter Ort, ein Stift und eine selbst definierte Zeit von 5 oder 10 Minuten, die mit einer Uhr gemessen und gestoppt wird. Dann geht es los! Schreib dir den Kopf leer! Du kannst fluchen, klagen oder dich ärgern, Hauptsache, es kommt aufs Papier. Jubel, plane, freue dich **ohne Punkt und Komma.** Grammatik, Formulierungen und Etikette sind dabei völlig unwichtig. Und ob diese Zeilen irgendwann einmal gelesen werden sollen, entscheidest du selbst.

Haiku

Der Haiku ist eine kurze, dreizeilige **japanische Gedichtform** und gilt als die kürzeste Gedichtform der Welt. Er beschreibt die Gegenwart und besteht ursprünglich aus fünf, sieben und fünf japanischen Moren, denen in der deutschen Sprache ungefähr die Silben entsprechen. Haikus werden durch das emotionale Beobachten von Natur oder Jahreszeiten inspiriert und müssen sich nicht reimen. Die erste Zeile beschreibt einen Augenblick, die zweite Zeile einen inspirierten Gedanken und die dritte Zeile schließt mit einer kleinen Überraschung ab.

Grauer November
Gedanken wie Konfetti
platsch – bunte Pfützen

Eine willkürliche Buchseite

Ein Griff ins Bücherregal, das Aufschlagen eines willkürlichen Kapitels und die Auswahl eines zufälligen Satzes, ganz gleich, ob von oben, unten oder mittenraus: Er ist der Anfang für deine neue kleine Kurzgeschichte. Sie muss nicht perfekt sein, aber der Fantasie freien Lauf zu lassen, bringt einfach Spaß.

GRAUES WEICHT GRÜNEM

Kaum zu glauben, dass zwischen Beton und Schotter saftig grüne Gärten gedeihen. Birnbäume stehen neben schwarzem Holunder und dazwischen Bänke als Ruhegeschenke.

Imposant ragen die erloschenen **Hochöfen** des stillgelegten Eisenhüttenwerks in Duisburg-Meiderich zwischen massiven Stahlgerüsten und meterdicken Betonbunkern in den Himmel. **Kraftvoll und stark,** aber auch etwas brutal wirkt das Gelände und bietet eine willkommene Kulisse für extravagante Sportarten. Der Deutsche Alpenverein hat zahlreiche Kletterrouten in den Beton der leeren Erzbunker geschraubt, Taucher genießen die Unterwasserwelt im mit Wasser gefüllten Gasometer. Festivals, Fackelführungen, Filmabende – alles ist hier großartig und spektakulär.

Mittendrin blüht das grüne Glück, still und verborgen, in schützenden Mauern der leeren Bunkeranlage. Wer wach seinen Blick über das Gelände schweifen lässt, erkennt die wilden Ranken, die die rostroten **Stahlgerüste** der Hochpromenade umschlingen. Über eine Treppe erreicht man den **luftigen Weg** und hat einen atemberaubenden Blick über das gesamte Gelände des Landschaftsparks Duisburg-Nord. Wendet man sich dem Brachgelände am Rande des LaPaDu zu, bleibt das Auge an kleinen, fruchtbaren Gärten hängen, die sich in die Geborgenheit dicker Mauern schmiegen. Lila Lavendel erinnert an die Provence, geschmackvoll bepflanzte Staudenbeete mit Bänken laden zum Ausruhen und Krafttanken ein.

Für mich!
Ruhe im Rummel finden

Dass unter den nährstoffarmen Bedingungen dieses **grüne Wunder** wächst, ist der biologischen Station Westliches Ruhrgebiet zu verdanken, die die Entwicklung des kargen Gebiets überwacht. Rinnen versorgen die Gemüsefelder bei Trockenheit mit Wasser. Das Verdunsten und Plätschern des Wassers sorgt für **angenehme Frische.**

Wandelt man durch die Gärten, so lassen sich immer wieder **kleine Nischen** zum Verstecken vor der Welt finden. Blicke durch verschlossene Gittertore erlauben das Entdecken einer Landart-Spirale aus kurzen weißen Stämmen. Die Birke als anspruchsloser Pionierbaum ist Hoffnungsträger für die zurückkehrende Natur.

Bunkergärten im Landschaftspark Duisburg-Nord,
Wittfelder Straße 141, 47166 Duisburg, www.landschaftspark.de

ETAGENWEISE GENUSS

Einfach mal die Zeit anhalten, in die Ferne schweifen und statt eines schnellen Snacks den Nachmittag mit einer traditionellen britischen Tea-Time zelebrieren.

Dem Auftischen zuzuschauen bereitet Freude: **Nostalgisches Geschirr,** teils mit Goldrand oder floralem Dekor, formschöne Kandisdöschen und Milchkännchen schmücken den Tisch. Die eleganten Teetassen erinnern an längst vergangene Zeiten, bevor das kulinarische Herzstück, eine bunt gefüllte Etagere, die Mitte des Tischs erobert. **Very british** fühlt es sich an, bei einer gepflegten Tasse Tee in ein königliches Gurkensandwich zu beißen. Da muss das Leben mal die Luft anhalten.

Diese besondere Auszeit im Dolcinella in Essen-Werden muss man vorbestellen, denn Besonderes benötigt besonders viel Vorbereitung. Von herzhaft bis süß warten je nach Jahreszeit wechselnde **kleine Köstlichkeiten** darauf, vernascht zu werden: Der Salat aus Farfalle mit getrockneten Tomaten, versteckten Weintrauben und Sonnenblumenkernen wohnt in derselben Etage wie die Miniaturquiche mit Roter Bete, Süßkartoffeln und Feta und die typisch britischen Sandwiches. Traditionelle, frisch gebackene Scones warten darauf, mit gehaltvoller Mascarponecreme vorbereitet zu werden, um anschließend einem Guss aus mit Minze verfeinertem Fruchtaufstrich oder anderen Geheimnissen zu unterliegen. Oben thronen **süße Küchlein** oder französische Cannelés mit weichem Puddingkern und karamellisierter Kruste. Dazu gibt es selbstverständlich einen englischen Tee mit **wolkenzaubernder Sahne.**

Für mich!
Ein Miniaturmenü am Nachmittag

Seit Fenja Fürer, Diana Struck und ihr fantasievolles Küchenteam immer wieder neue Gaumenfreuden kreieren, hat sich das Dolcinella im Löwental als Tipp unter Freunden entpuppt. Wem es schwerfällt zu gehen, der kann noch ein bisschen stöbern und sich mit individuellen Schokoladen, Seifen, Samentütchen und Ähnlichem bevorraten oder lieben Menschen kleine Geschenke als Mitbringsel mitnehmen, um vielleicht schon beim nächsten Besuch gemeinsam an einem der Tische zu sitzen.

Dolcinella, Im Löwental 15, 45239 Essen,
Tel. (02 01) 52 00 49 15, www.dolcinella.de

VOLLKOMMENE HARMONIE

Chinesische Gärten sind mit ihren Brücken und Toren, den Steinen und dem Wasser Abbilder eines idealen Universums. In dieser Harmonie findet man leicht einen Rückzugsort.

Unverzüglich verlangsamen sich die Schritte beim Anblick des Chinesischen Gartens Qian Yuan, der inmitten des Botanischen Gartens der Ruhr-Universität Bochum liegt. Diese authentische **Insel der Ruhe** ist ein Geschenk der Tongji-Universität in Shanghai. Qian Yuan bedeutet Qians Garten und geht auf den Dichter Tao Qian zurück, der in seinem Bericht vom Kirschblütenquell eine Legende von einer Idealgesellschaft im **Einklang mit der Natur** beschreibt.

Die kunstvolle Komposition des Gartens lässt sich nur in der Langsamkeit erfahren. Jeder Positionswechsel des Betrachters kreiert ein neues Bild. Schon vor dem offenen Tor entschleunigen Trittsteine im **Wasser** die Gartenbesucher. Eine Einladung, jeden Schritt bewusst zu setzen und immer wieder stehen zu bleiben. Geometrische Formen geben einen Rahmen für die Spiegelungen des Wolkenspiels, die sich wie eine zarte Projektion über die Wasseroberfläche ziehen. Erwachen die Wasserbecken aus dem Winterschlaf, verwandeln sie sich in eine **Augenweide aus Seerosen.**

Für mich!
Gartenkunst als poetische Gedankenwelt

Durchgänge, gerade menschengroße Steinschlupflöcher und Holztüren öffnen immer wieder neue Blicke: ein Zusammenspiel von bescheidener Eleganz zwischen Wasser und Gestein, zwischen Himmel und Bauten. Die Nachbildung von Gebirgen verehrt den **Sitz der Unsterblichen.** Fensterähnliche Durchlässe lassen ihre grüne Umwelt wie Bilder auf den strahlend weißen Wänden wirken, werden vom Spiel des Schattens unterstützt. In den Pavillons mit geschwungenen chinesischen Dachformen, auf der begehbaren Veranda oder der überdachten, sich zum Wasser öffnenden Terrasse lässt sich Ruhe finden. Im Wasser ziehen leuchtend orangefarbene Kois ihre Bahnen. Dunkelrote Ahornblätter bewegen sich sanft im Wind und spielen mit dem Sonnenlicht. Ein kleiner plätschernder Wasserfall mischt sich mit Vogelgezwitscher: Für ein **Sekundenglück** die Augen schließen und lauschen.

Chinesischer Garten im Botanischen Garten der Ruhr-Universität Bochum,
Universitätsstraße 150, 44780 Bochum, Tel. (02 34) 3 22 20 05

POSTKARTENIDYLL MIT SAHNE

Diesen paradiesischen Ort mit Bauernhaus, Kühen, einem Bach und satten Wiesen im Tal besuchen, um die verlorene Energie wiederzugewinnen.

Gleich hinter der Straße Im Paradies – der Name hält, was er verspricht – findet man im idyllischen Vogelsangbachtal das Café Herberge. Ganz gleich aus welcher Richtung man kommt, es geht bergab, hinab in eine üppig grüne Oase. Der Rinderbach schlängelt sich direkt am Herberger Hof vorbei. Die Gebäude erzählen vom Leben und Arbeiten auf dem Land. Obstbäume, genüsslich grasende Rinder mit kleinen Kälbchen und ein paar schnatternde Enten sorgen für das passende **Bauernhofgefühl.** An alten Backsteinmauern hängen Werkzeuge, ein paar Gartentische mit Stühlen und bunten Wiesenblumensträußen warten verstreut auf dem Vorplatz des Cafés.

Für mich!
Rast und Stärkung nach dem Wandern

Im **Paradies** würden im nährenden Bach Milch und Honig fließen. Ebenso himmlisch ist eine Einkehr im herzlich geführten Café Herberge. Lässt man sich mit müden Füßen nieder, weiden sich die Augen an liebevollen Details: Handgenähte Mitbringsel und Filzarbeiten winken von der Fensterbank und eine handgeschriebene Tageskarte auf einer schwarzen Tafel lässt einem bereits das Wasser im Mund zusammenlaufen. Entscheidet man sich bei der lächelnden Bedienung schon einmal zwischen einem kühlen Bier und einer hochwertigen Fruchtschorle, um Zeit zu gewinnen, so wird die Betörung der Sinne durch vorbeischwirrende, duftende Waffeln mit Eis oder Preiselbeersahne oder anderen Zauberzutaten noch verstärkt. „Unsere **Blechkuchen und Quiches,** Kartoffelsalate und Eintöpfe sind alle selbst gemacht", strahlt die Wirtin zu Recht mit Stolz. Vesperteller, Schmalzbrot und Blutwurst **„Flönz"** erfüllen deftige Träume und erinnern an einen Hüttenschmaus, genau das, was manche Herzen für ein perfektes Wandergefühl brauchen. Ein wohliges **Hüttengefühl** erfährt der Rastende auch im Innenraum des umgestalteten ehemaligen Rinderstalls. Die Stube ist im Winter an Wochenenden und bei unbeständigem Wetter ein Zufluchtsort, um dem Regen oder auch dem Alltag zu entfliehen.

Café Herberge, Herberger Weg 28, 42579 Heiligenhaus,
Tel. (0 20 56) 58 61 53, www.cafe-herberge.de

9 *Meine Atempause*

EINTRETEN. KUNST SEIN.

Und dann gibt es Tage oder Augenblicke, da möchte man einfach die Tür hinter sich schließen. Allein sein und sich selbst wahrnehmen. Die Welt muss draußen bleiben.

Die Rauminstallation „La Primavera“ ist ein dauerhaft installiertes Kunstwerk, das seinem Besucher ein einmaliges **Erlebnis** schenkt. Ganz gleich, ob man an einem Wochenende mit vielen anderen Interessierten über das Gelände des Weltkulturerbes der ehemaligen Zeche Zollverein schlendert oder ob man das Glück hat, einen niedrig frequentierten Besuchstag zu erwischen: den Raum, der sich in die geschichtsträchtigen roten Backsteinziegel des Zechengebäudes schmiegt, betritt man allein. Mit dem Schließen der Tür wird man vom Besucher zum einmaligen, ja einzigartigen Teil der Installation. Die Künstlerin Maria Nordman hat mit ihrer ungewöhnlichen **Rauminstallation** La Primavera – der Frühling – ein Werk geschaffen, das einen unwiederbringlichen Zustand des Kunst-Seins kreiert. Ein leerer Raum, in den nur durch einen schmalen Spalt Tageslicht gelangt, beherbergt in diesem **Augenblick** nur einen einzigen Menschen: dich!

Für mich!
Im Kunstwerk Einzigartigkeit verspüren

Die **minimalistische, reizarme Umgebung** inspiriert, irritiert und bringt überraschende Gedanken hervor. Die Außenwelt hinter der geschlossenen Tür ist gedämpft und die Leere des Raumes nimmt Einfluss auf das eigene Bewusstsein. Licht und Schatten ist das Einzige, mit dem sich ein unruhiger Geist beschäftigt, bevor er sich einlässt und die ungewöhnliche Perspektive auf sich selbst zulässt. Es ist eine außergewöhnliche Form der **Selbsterfahrung,** in Ruhe und Besinnung einfach nur zu sein.

Wohltuend nach dieser besonderen Erfahrung und der Abstinenz von Reizüberflutung sind ein paar Schritte in Stille durch die angrenzenden Birkenalleen auf den stillgelegten Bahnstrecken auf dem Gelände des Weltkulturerbes. Wer nach der Einkehr eher Schwingung und Bewegung braucht, kann auf der wunderbaren Schaukel alle unnötigen Gedanken loswerden.

La Primavera, Zollverein Parkplatz A2,
45141 Essen, www.zollverein.de

10 *Meine Atempause*

AUS DEM WIRRWARR

So wie sich Haare verheddern und Schnürsenkel verknoten, so können auch Gedanken durcheinanderpurzeln. Klarheit kann in Stille entstehen. Wie wäre es mit tangeln?

Zentangle® ist die Symbiose aus **Stille,** dem Zen, und der **Entwirrung,** englisch *to tangle.* Entwirrung setzt schon bei der minimalistischen Wahl der Materialien an: eine quadratische Kachel, ein sehr feiner Faserstift, ein Bleistift und ein Tortillon, ein aus Papier gerollter Stift, mit dem sich Grafit verwischen lässt. Ein Radiergummi gibt es nicht – wie im Leben: Gezeichnetes ist endgültig. Die Unwiderruflichkeit fordert Akzeptanz und erinnert an kreatives Weitermachen. Beim Genießen dieses Moments darf man sich den Luxus der oft nicht selbstverständlichen Ich-Zeit bewusst machen.

Ist man bei Barbara Steyer zur Zentangle®-Zeit verabredet, wird man wohlig umsorgt. Mit dezenten **Liebenswürdigkeiten** verwöhnt, darf man sich den Kacheln aus Papier widmen, die Oberfläche erspüren, bevor man mit seinem zarten schwarzen Stift in andächtiger Langsamkeit zu tangeln beginnt.

Für mich!

Jeder Strich ist ein Schritt vorwärts!

Beim Tangeln geht es nicht um das Erstellen eines Kunstwerks, sondern um den bloßen **Prozess des Tuns,** durch den die zertifizierte Zentangle®-Lehrerin Schritt für Schritt leitet. **Tintenyoga** nennt Barbara Steyer nicht nur diese Form des Tangelns, sondern auch ihr Unternehmen, in dem sie ihre Kompetenzen Neugierigen nahebringt. Sie selbst beschreibt ihr Werken als Yoga für den Kopf, eine Form der Meditation, durch die eine Möglichkeit gegeben wird, die eigene Kreativität neu zu entdecken und durch sie ein Ventil für die Entwirrung der Gedanken zu bekommen. Selbst wenn die Kachel klein ist, so birgt sie doch eine Hemmung: Wo und wie fange ich an? Da hilft es sehr, sich durch die Struktur des Zentangles® führen zu lassen, sich aus dem Denken ins Tun zu versenken, Entscheidungen zu minimieren und sich am Ende selbst zu überraschen. Faszinierende Muster entstehen durch einfache Wiederholungen von kleinsten Strukturen. Eine **zauberhafte Stille** durch konzentrative Muße stellt sich dabei von selbst ein.

Tintenyoga, Barbara Steyer, 44797 Bochum,
www.tintenyoga.de, Kurse an wechselnden Orten in Bochum

zentangle®
MICRON 01
ARCHIVAL INK
TANJA

Zentangle

Zeichnend die Zeit vergessen

MINIATUR-WUNDERWELT

Es war einmal ein Mann, erfahren in **Meditation,** lebendig im Leben, der mit seiner Frau, einer Kalligrafin, auf einer Kunstmesse Drucke ihrer botanischen Zeichnungen verkaufte. Jede Illustration beschriftete sie mit wunderschöner Handschrift vor den Augen ihrer Kunden. Andächtig beobachteten diese die Linien ihrer konzentrierten **Kalligrafie.** Sie hatte ihre komplette Aufmerksamkeit auf ihr Tun gerichtet und sandte unzerstörbare Ruhe aus.

Was vielleicht wie ein Märchen klingt, ist der Ursprung von Zentangle®, einer Miniaturform außergewöhnlicher, abstrakter Kunst. Rick Roberts und Maria Thomas sind die Erfinder des Zentangle®. Die spürbare Sehnsucht der zuschauenden Menschen, ihre eigene Kreativität auszudrücken, berührte die beiden so sehr, dass sie aus **Leidenschaft** und ihrem festen Glauben, dass das Innere eines Menschen mit einem Stift und Papier einen Weg nach

außen finden kann, etwas Neues kreierten. Alle Bedenken ihrer interessierten Zuschauer, sei es keine Zeit, kein Talent, keinen Platz, kein Geld zu haben, versuchten sie bei ihrem Konzept auszuräumen.
Wichtig war ihnen der Prozess des Tangelns, des Sichvertiefens in eine einfache Struktur, bei dem die Intuition die Führung übernimmt und das Ergebnis ein offenes Erlebnis ist.

Rick Roberts jahrelange Meditationspraxis, **das Zen,** war der eine Teil der entwickelten Idee, das Zeichnen von einfachen, kleinen, wiederkehrenden Mustern der Zentangle-Methode. Marias lebensentwirrender, zeitvergessener Zustand beim Kalligrafieren, **das „Tangle“** (englisch = Gewirr), der andere Teil. Ihr selbstvergessener, entspannter Zustand durch tiefes Eintauchen in ihr Tun gleicht einem Flow, einem beglückend mentalen Zustand des Schaffens.

Ein Tangle ist ein strukturiertes Muster, welches aus immer wieder neuen Kombinationen aus Punkten, Strichen, S-Kurven und sogenannten Loops, einer Art Kreis, der ruhig etwas eierig und handgezeichnet aussehen darf, besteht. Gezeichnet wird auf kleine Papierkacheln, die sich beim Tangeln herumdrehen lassen, sodass immer neue Perspektiven entstehen. Innehalten, das Material befühlen, den Wert der Zeit spüren und sich freimachen von Erwartungen gehören zum Zentangle® dazu. Ein sehr dünner Filzstift, der sich nur langsam führen lässt, eine kleine Kachel von 9 x 9 Zentimeter und ein Schattierungsset, bestehend aus einem Bleistift und einem gerollten Papierwischer, sind alles, was man benötigt. Ein Radiergummi wird nicht benutzt, da es kein Falsch gibt. Aus einem ungewollten Strich entstehen so **neue Muster.** Die einzelnen Schritte sind vorgegeben, um das Denken außen vor zu lassen. Es ist hilfreich, sich von einem zertifizierten Zentangle®-Lehrer oder einem Buch anleiten zu lassen. Die fertigen Kacheln werden signiert und durch Drehen in der Hand aus immer neuen Perspektiven betrachtet, um sie dann mit all den anderen Kacheln zu einem großen **Mosaik** zusammenzufügen. Das große Ganze verdeutlicht, dass die Kunst eine Überraschung ist, ein Werk zum Staunen, bei dem es kein Oben und kein Unten, kein Richtig und kein Falsch gibt.

VINTAGE TRIFFT VEGAN

Im umgemodelten Stadthaus des Hausprojekts Hochfeld findet man ein veganes Café, das nicht nur Yoga- und Capoeira-Freunden verlorene Energie schenkt.

Ein Geheimtipp in Duisburg ist die im Erdgeschoss eines Wohnhauses gelegene Krümelküche. Schon der Name beschreibt den Charakter der gemütlichen **Wohnküchen-Atmosphäre** alter Zeiten. Damals war eine Küche der Begegnungsort der ganzen Familie. Hier wurde im Winter geheizt, hier wurde gelebt und gelacht und geweint. Während auf dem Herd der Eintopf köchelte, wurden am großen Küchentisch Schulaufgaben erledigt, Zeitung gelesen, gestrickt oder Karten gespielt.
Tritt man unter dem krummen Krümelküchenschild in den Windfang, bleibt die Aufmerksamkeit an zahlreichen DIY-Basteleien oder Fair-Trade-Artikeln hängen. Dann öffnet sich der große, behagliche Wohnraum und ruft bei manch einem Erinnerungen wach. Die Möbel aus vergangenen Epochen erzählen **Geschichten.** Das Geschirr trifft sich zufällig, in einer Gabel ist eine Blumen-Gravur, Goldrand und Streublumenteller lassen Individualität hochleben, nichts ist hier angepasst. Ein **altes Klavier,** eine Musikbox, eine Pferdemarionette ziehen die Aufmerksamkeit auf sich, bis man am Ende des Raumes die Theke der Krümelei erreicht und vor der mannshohen Vitrine mit süßen Zaubereien stehen bleibt und staunt. Die Entscheidung zwischen der bunten Bowl oder dem Burger mit Smokey-Seitan-Pilz-Patty fällt besonders schwer. Oder soll es doch lieber die Soja-Steak-Stulle sein, damit im Magen auf jeden Fall noch Platz für den **Johannisbeer-Granatapfel-Cupcake** bleibt? Die kühlen Getränke darf man sich aus dem Kühlschrank nehmen, wie zu Hause eben, nur dass hier neben verschiedenen Biersorten auch Ingwer-Estragon- und Pflaume-Kardamom-Limonade warten.
Spätestens jetzt folgt nur noch **Muße!** Brettspieler und Bücherleserinnen sitzen an den Nachbartischen zusammen mit Lernenden oder malenden Kindern. Ein Sofa lädt ein zum Freundinnengespräch bei Kaffee, der sich zu frischen Blumen in kleinen Glasfläschchen gesellt.

Für mich!
Altem begegnen – Neues probieren

Krümelküche, Johanniterstraße 28, 47053 Duisburg,
Tel. (02 03) 39 21 63 08, www.kruemelkueche.de

COOKIE
Blondies
Dinkel
Schoko
Dinkel
SNACK HELDEN
SNACK HELDEN

12 *Meine Atempause*

RINGEL UND BEETE

Ökologisch, nachhaltig, saisonal, umsorgt, gewässert mit Ruhrgebietsregen, folienunverpackt: So wachsen außergewöhnlich üppige Kulturen mitten im Revier.

Wo die butterweiche Hilda wohnt, ist man mitten im **Paradiesgarten** des Ruhrgebiets angekommen. Die Stangenbohne Hilda führt ein angenehmes Leben auf der Bonnekamphöhe. Hier findet man **Permakultur par excellence.** Urbane ökologische Landwirtschaft wird von der solidarischen Stiftung auf der Anhöhe betrieben – umgeben von Förderturmromantik. „Alles, was man mit Liebe tut, wird gut!" ist ein Satz, der es treffender nicht beschreiben könnte. Wilde Natur umgibt nachhaltige konzeptionelle Landwirtschaft, bestärkt das Vertrauen in einen natürlichen **Lebensstil.** Eine bunte Vielfalt von knackigem Gemüse, duftenden Kräutern und Früchten weckt leckere Genussträumereien. Wer all die alten Sorten und den **Artenreichtum** bestaunen möchte, wem Borretsch, Senfrauke oder Kapuzinerkresse ein Fragezeichen in den Kopf malt oder wem die Zubereitung und das Haltbarmachen von Geerntetem nicht vertraut ist, der findet hier kompetentes Fachwissen. Die Gartenfreunde rufen immer wieder zum gemeinschaftlichen Schnibbeln, Einkochen oder Fermentieren auf. Dabei sein, lernen, entdecken, sich austauschen und kreative Ideen entwickeln – das ist die Ideologie ökologischer Permakultur. Beim Gärtnern und Zubereiten finden **Naturfreunde** zusammen, ackern und genießen, reden und schweigen zusammen. Gärtnern erdet im wahrsten Sinne des Wortes. Am Wochenende öffnet das Gelände für jedermann, dann suchen sich Igel, Frösche und Mäuse einen sicheren Unterschlupf und unter Sonnensegeln darf man je nach Saison Gazpacho, Bruschetta, knackige Salate oder Grillgemüse schnabulieren. Große gelbe Zucchiniblüten werden im urigen Foodtruck der „Bunten Beete" schmackhaft gefüllt angeboten. Limonade aus Zitronenmelisse erfrischt an heißen Tagen, essbare Blüten betören das Auge und den Gaumen. Für Süßschnäbel gibt es **schmackhafte Kuchen** im Waldcafé, welches direkt über die Radtrasse Zollvereinweg erreichbar ist.

Für mich!
Pralle Vitaminwunder mit Liebe geerntet

Bonnekamp – Permakultur Ruhr, Bonnekamphöhe 50,
45327 Essen, www.bonnekamp-stiftung.net

NATÜRLICHE IMITATION

Auf einer Kanalinsel bereichert ein überraschendes Kunstwerk das formvollendete Konzept der Emscherkunst. Hier kann man sich in die Wüste Kaliforniens träumen und Kunst wirken lassen.

Manchmal wünscht man sich weit weg. Vielleicht auf eine einsame Insel. Eine einsame Insel gibt es aber auch im Ruhrgebiet. Zwar ist die Emscherinsel nicht von schäumenden Meereswellen umgeben, sondern liegt in den Armen von Emscher und Rhein-Herne-Kanal, aber Einsamkeit findet man hier allemal. Spaziert man von den Schleusen aus auf die **„Wilde Insel"**, so nimmt man bald leise Musik wahr. Eine scheinbar natürliche, riesige Steinformation ragt aus einem angelegten Sandbett auf. Wem es beliebt, der kann seiner **Barfußlust** frönen und seine Füße vergraben. Doch sind die Irritation durch das Kunstwerk und das Lauschen erst einmal vorrangig.

Für mich!
Die Gegenwart fühlen. Kunst erleben

Die beiden Künstler Olaf Nicolai und Douglas Gordon formten einen Felsen aus dem Joshua-Tree-Nationalpark aus einem Stahlgerüst mit Spritzbeton originalgetreu nach. Uneingeweihte Spaziergänger würden die Felsformation am Wegesrand liegen lassen, erklänge nicht die Ambient-Musik der schottischen Band Mogwai. Ein sphärischer Klangteppich schwingt unter traurigen Melodien, wird abgelöst von Einzeltönen; ergänzt durch epische und experimentelle Passagen werden wechselnde Stimmungen erzeugt. Die Komposition „The Singing Mountain" wurde eigens für das **Kunstwerk** komponiert und erklang anfangs in Dauerschleife. Diese Musikinszenierung im Innern des hohlen Felsens verrät die Künstlichkeit des Monuments. Heute kann man von **Klangzeiten** unabhängig die sphärische Komposition über Streamingportale selbst einspielen, um das Hörerlebnis zu reproduzieren.
Das „Monument for a Forgotten Future" erinnert an die **Widersprüchlichkeit** unseres Umgangs mit der Natur. Die scheinbare Identität eines natürlichen Kunstfelsens wird hier ad absurdum geführt. Dieser ausgesprochen still gelegene Ort auf einer Insel zwischen Fluss und Kanal lässt Raum für Gedankenspiele und Utopien inmitten einer wild wachsenden Naturlandschaft.

Monument for a Forgotten Future, An den Schleusen 1–29, 45881 Gelsenkirchen, www.emscherkunstweg.de

KULINARISCHE KRIMIREISE

Durch Bücher in eine andere Zeit oder an einen unbekannten Ort reisen. Stöbern und bei einer gemütlichen Tasse Kaffee Gelesenes wirken lassen.

Fett oder kursiv, bunt oder schwarz-weiß, große Lettern oder kleine, mit Serifen oder klar und schnörkellos: Das Gedruckte in den Büchern nimmt uns überall mit hin. Es verzaubert und öffnet **Türen in fremde Welten,** tröstet und erzählt von vergangenen Zeiten, klagt an oder gibt Rat in vielen Lebenslagen. In Büchern ist alles möglich! Sie erwecken Geschichten zum Leben.

Der Verein des Literaturhauses kreiert mit viel persönlichem Engagement einen Wohlfühlort für **Literaturliebhaber.** Regelmäßige Buchvorstellungen und Autorenlesungen oder eine persönliche Beratung gehören ebenso zum Konzept des Hauses wie anspruchsvolle Konzerte und szenische Lesungen. Diese Veranstaltungen finden in der stilvollen **Alten Druckerei** der Familie Röttsches statt. Nach der Rückführung in den Familienbesitz wurde das geschichtsträchtige Gebäudeensemble in eine geschmackvolle Location verwandelt.

Für mich!
Gemütlich durch Bücher stöbern

Ganz gleich, ob es die Suche nach einem Roman oder einem Krimi für den Feierabend ist, nach einem besonderen Geschenk oder einem inspirierenden Reiseführer: Es macht Spaß, durch die Bücherreihen zu streifen, das eine oder andere in die Hand zu nehmen. Ob hart oder weich gecovert, schick designt oder kreativ bedruckt – unter dem Dach des Literaturhauses in Herne wohnen **Bücher aller Art.**

Für ein ungestörtes Stöbern in den Bücherregalen schafft das leise Stimmgemurmel des angrenzenden Literaturcafés einen heimeligen Klangteppich, der hin und wieder vom Zischen der Dampf ablassenden Kaffeemaschine die passende Couleur bekommt. Im Café sorgen Ansichtsexemplare in Regalen und ein großes Zeitungssortiment für eine angenehme **Wohnzimmeratmosphäre.** Ein neugieriger Blick in ein ansprechendes Buch, eingekuschelt in einen gemütlichen Ohrensessel, sorgt dafür, die Zeit zu vergessen.

Literaturhaus Herne Ruhr e. V., Bebelstraße 18, 44623 Herne,
Tel. (0 23 23) 14 76 70, www.literaturhaus-herne-ruhr.de

J.D. BARKER
STAN
VARDØ
VOX
FEUERBLUT

15 *Meine Atempause*

SALZIGES TROPFKONZERT

Die Augen schließen und kühle, frische Luft einatmen. Assoziationen entstehen, eingebettet in ein fröhliches Tipp-tipp-tipp des rieselnden Wassers.

Beim Betreten des Grugaparks durch den Haupteingang bleibt der Blick an einer „hölzernen Kathedrale“ hängen, so beschreibt der Grugapark das imposante **Gradierwerk** sehr treffend. Eingebettet in gepflegte bunt geblümte Rasenflächen und variantenreiche Sträucher weckt es das Interesse erholungssuchender Spaziergänger oder ist das Ziel eingeweihter Kur-vor-Ort-Genießer.

Beim Näherkommen nehmen das **Gluckern und Rauschen** des Wassers zu. Über die große Oberfläche aus gebündeltem Schwarzdornreisig rinnt unablässig Wasser mit einer Solekonzentration von genau 25 Prozent. Das Spiel der Wassertropfen ist ein Schauspiel besonderer Art. Kleine Tropfen hüpfen von Zweig zu Zweig. Das einfallende Sonnenlicht lässt die Wassertropfen wie winzige Diamanten aufblitzen, sodass man sich mit dem Suchen der funkelnden **Glitzertröpfchen** die Zeit vertreiben kann. Je nach Blickwinkel mischt sich ein kleiner **Regenbogen** dazu. Die hohe Luftfeuchtigkeit erinnert an eine kühle Meeresbrise und legt sich erfrischend auf die Haut. Sie ist nicht nur äußerlich spürbar, sondern auch wohltuend für die Atemwege.

Für mich!
Erfrischung für die Atemwege

Im Grugapark wird beim Gradieren über die große Oberfläche, die die Reisigbündel bieten, die Salzkonzentration durch natürliches Verdunsten des herunterrinnenden Solewassers erhöht. Zusätzlich lagern sich noch Begleitminerale an den Dornen des Schwarzdornreisigs ab und erhöhen auf diese Weise die Qualität der Inhalation. Diese mineralischen Ablagerungen bilden den grau-braunen Dornstein auf der Reisigwand.

Je nach Lust und Laune wandelt man um das Gradierwerk oder nimmt auf einer der zahlreichen Bänke Platz. Dort lässt sich durch einen Wechsel aus tiefem **Atmen** und dem Lauschen auf ein lustiges Tropfkonzert der gesundheitsförderliche Sprühnebel in besonderer Atmosphäre genießen.

Grugapark Essen, Haupteingang Messeplatz,
45131 Essen, www.grugapark.de

IN STILLER WURZELOBHUT

Welche Anlässe gibt es, eine Ruhestätte zu besuchen? Eine Beerdigung, ein Erinnerungsbesuch? Oder an diesem Ort die eigene Lebenskraft bewusst zu spüren?

Im Wald ist es still, Baumkronen greifen am Himmel ineinander und bilden ein **schützendes Dach.** Es ist ein friedlicher Ort. Von der kleinen Forststraße weisen Holzplanken den Weg zu unbeschrifteten Pfaden in den **friedlichen Wald.** Ein Ort, um sich treiben zu lassen. Hier kann man sich nicht verlaufen, wohl aber in Gedanken und Erinnerungen versinken und manchmal auch die ein oder andere Träne laufen lassen.
Der RuheForst Philippshöhe in Hagen ist ein besonderer, fast magischer Ort. Kleine Tafeln mit Namen und Lebenszeiten erinnern an Menschen, die hier in Frieden ruhen. Man sieht Moosherzen, bemalte Steine oder kleine Mandalas, die Menschen aus zusammengetragenen Stöcken und Waldgut gelegt haben. Im RuheForst ist kein typischer Grabschmuck erwünscht, damit der natürliche Charakter des Waldes erhalten bleibt. Stattdessen findet der Blick **Sonnenstrahlen,** die sich durch die Baumkronen ihren Weg auf die Erde suchen, die Lichtungen und Bäume in mystische Stätten verwandeln. Der Wind spielt mit trockenem Laub und verweht es in alle Himmelrichtungen.

Für mich!
In ruhiger Natur das Leben fühlen

Auf einer Bank inmitten der waldigen Umgebung findet man einen Platz, um dem trubeligen Alltag zu entfliehen. Hier zwitschern Singvögel und das eine oder andere Eichhörnchen kreuzt den Weg, um flink wieder am Stamm eines Baumes emporzuklettern. Immergrünes Moos und keimende Sprösslinge umhergeflogener Samen offenbaren dem aufmerksamen Waldbesucher den **Kreislauf der Natur.** In dieser natürlichen Ruhe kann man seinen eigenen Herzschlag bewusst wahrnehmen und sich selbst als Teil der Natur erkennen. Das kleine Waldstück ist ein Ort, um nach einer bewussten Auszeit wieder erfrischt alltäglichen Dingen nachzugehen.

RuheForst Hagen, Philippshöhe,
Kuhlestraße, 58089 Hagen

VON KÄLTE UND FREIHEIT

Eine Oase der Sinne für eine energiespendende Atempause und eine ausgiebige Gesundheitsbehandlung nach Sebastian Kneipp lässt sich mitten in der Stadt finden.

Der Kneipp-Verein Gladbeck hat einen Gesundheitstreffpunkt mitten in der City geschaffen. Eingebettet in beruhigendes Grün liegt ein gepflegter Kneippgarten. Geschwungene hölzerne **Wellnessliegen** im Schatten von Bäumen warten auf müde Städter, um ihre überbeanspruchten Körper an die elegante Form ihrer Wirbelsäule zu erinnern. Sie schenken ihren angespannten Rücken Halt, um sich aufs **Loslassen** der gestressten Muskulatur zu besinnen. Ein lehrreicher Kräutergarten, sortiert nach Anwendungsgebieten und Wirksamkeit, säumt den Ort des Wohlbefindens. Ein großes, belebtes Insektenhaus zieht den Betrachter in seinen Bann. Eine bunte Wildblumenwiese ist ebenfalls Schauplatz des geschäftigen Treibens: Bienen, Hummeln und Schmetterlinge fliegen von Blüte zu Blüte. Ein Genuss ist es, die Augen zu schließen, ihrem Summen zuzuhören und zu vergessen, wo man ist.

Für mich!
Augen ausruhen und Füße atmen lassen

Für kleinere Pausen steht an einer alten Platane ein Armbecken bereit, das für einen Kältereiz der oberen Körperhälfte genutzt werden darf. In der Mitte der Gesundheitsanlage befinden sich ein **Wassertretbecken** und ein kleiner **Barfußpfad.** Also raus aus den Schuhen und Socken und den Füßen Freiheit schenken! Viel zu oft werden sie eingesperrt und ihrer Funktion als sensibles Sinnesorgan beraubt. Auf einer Bank sitzend lassen sich die Schuhe leicht ausziehen. Im Storchengang wird dann eine Runde durch das Becken gedreht. Wem nun die Ausrede einfällt, kein Handtuch dabeizuhaben, dem sei beruhigend gesagt, dass zum Kneippen kein Handtuch nötig ist. Die kalten Füße werden durch Abstreifen des überschüssigen Wassers und Bewegung über den Barfußpfad oder auch bloßes Laufen am Beckenrand zur natürlichen Wärmeregulierung angeregt. Das ist die Philosophie nach Kneipp und darf trainiert werden. Werden die leicht feuchten Füße nach Beendigung des Wassertretens wieder stadtgerecht eingepackt, breitet sich ein belebendes **Wohlgefühl** aus.

Kneipp-Verein Gladbeck e. V., Mittelstraße 37, 45964 Gladbeck, www.kneippverein-gladbeck.de

Kneippsches Lebensmodell

VERANTWORTUNGSVOLL UND FLEXIBEL

Wissenschaftlich fundierte Medizin lässt sich nicht mit Naturheilkunde gleichsetzen, aber eine **ganzheitliche Lebensordnung** unterstützt ein gesundes Leben, steigert das Wohlbefinden und unterstützt die Medizin bei verschiedenen Krankheitsbildern. Sebastian Kneipp hat ohne Zwang und Anspruch auf Perfektion den Fokus auf ein ausgewogenes Zusammenspiel seiner fünf Säulen für ein gesundes Leben gelegt:

Wasser

Wer kennt ihn nicht, den von Sebastian Kneipp, dem „Wasserdoktor", entwickelten Storchengang durch kalte Wasserbecken? Bei vielen Anwendungen macht man sich die **Heilkraft** des Wassers zunutze: von Bädern über Güsse bis hin zu Wickeln und Waschungen. Durch Wärme- und Kältereize wird das empfindliche Temperaturregelsystem des Körpers in einen angeregten Zustand versetzt, der das Immunsystem aktiviert. Auf diese Weise werden die natürlichen Temperatur-Regulationsmechanismen des Körpers herausgefordert und trainiert. Wichtig ist dabei, dass der Körper vor einem Kältereiz warm ist und im Anschluss eine Ruhezeit für die Regulation bekommt.

Pflanzen

Heilkräuter und das überlieferte Wissen über ihre Wirkweisen lassen manch Wunder erleben und unterstützen in vielen Lebenslagen die körpereigenen Abwehrmechanismen. Die meisten Kräuter wachsen oft unbeachtet in der unmittelbaren Umgebung des Menschen. Die Phytotherapie des Naturheilkundlers Kneipp kombiniert Kräuter und Wurzeln, Samen und Blätter in Tee oder als Beigabe zu Wickeln und Bädern. **Innerlich und äußerlich** angewendet, stellen sich schnell große und überraschende Erfolge ein. So ist echter Thymian ein wahres Wunderkraut. Den meisten als köstliche Kräuterwürze zu Kartoffeln oder Gemüse bekannt, wirkt er als Tee aufgebrüht krampf- und schleimlösend sowie entzündungshemmend bei Husten und Heiserkeit.

Bewegung

Regelmäßige Bewegung baut Stress ab und hat positive Auswirkungen auf den gesamten Organismus. Dabei ist es wichtig, das richtige Maß zu finden und den Fokus auf das persönliche **Wohlbefinden** zu legen, anstatt den Körper durch Leistungsgedanken und Selbstoptimierung in zusätzliche Stresszustände zu bringen. Schon kurze Spaziergänge an der frischen Luft bringen den Kreislauf in Schwung, sorgen für einen Sauerstoffkick und zur richtigen Zeit für eine Dosis stimmungsaufhellendes Tageslicht.

Ernährung

Die Ernährung spielt bei Kneipp eine wichtige Rolle, unterliegt aber keinen strengen Regeln oder Dogmen, sondern empfiehlt eine regionale, unverkünstelte, saisonale, **selbst zubereitete Kost**. Das Superfood muss nicht mit dem Flieger um die halbe Welt geflogen werden: Leinsamen statt Chia-Samen, Blaubeeren statt Açaíbeeren, Walnüsse statt Avocado, Haferflocken statt Quinoa.

Balance

Die Lebensordnung nach Kneipp predigt keine Askese, keine Selbstoptimierung, keine Perfektion. Sie legt den Schlüssel zu einem erfüllten und gesunden Leben flexibel jedem verantwortungsvoll in die eigenen Hände: „Alles zu seiner Zeit und alles im rechten Maß."

18 *Meine Atempause*

STADT-STOPPTASTE

Einfach abfahren von der verkehrsgeplagten Landstraße und umgeben von Feldern am Rande der Großstadt gemütlich schmausen.

Zwischen den Städten Essen und Gelsenkirchen liegt der Landschaftspark Mechtenberg. Äcker, **Streuobstwiesen** und Grünlandbrachen mit lila Sommerflieder säumen die Spazier- und Radwege. Auf einem bewaldeten Wiesenhügel versteckt sich der steinerne Bismarckturm, eine ehemalige Feuersäule aus der Kaiserzeit. In der Ferne sieht man die Himmelstreppe aus der Landschaft aufragen, die Landmarke der Halde Rheinelbe. Der urbane Grüngürtel, der als schnell erreichbares Erholungsgebiet gilt, beherbergt einen Bauernhof mit Biergarten und gemütlicher Stube.

Der Bauernhof am Mechtenberg ist ein **Familienbetrieb** und öffnet seine Landidylle für erholungsuchende Städter. Durch eine große Tür betritt man einen urigen Hofladen. Frische Blumen stehen auf der Theke, große Tische wie in einer Wohnküche laden ein, sich mit einem Stück Kuchen und einem Kaffee auf ein Plauderstündchen niederzulassen. Eine Ecke mit frisch geerntetem Gemüse und Salat, ein großes Holzregal mit Weckgläschen samt Eingekochtem, jahreszeitliche Kuchen und **rustikale Brote** gehören zum Angebot.

Für mich!
Weit weg sein, ohne in die Ferne zu reisen

Die ehemaligen Pferdeställe wurden mit viel Liebe umgebaut. Der sattgrüne Boden verleiht den dunklen Holzmöbeln aus vergangener Zeit nicht nur an regnerischen Tagen ein besonderes Flair. Eine alte Standuhr, ein knisterndes Feuer im Kanonenofen, silberne Kerzenleuchter mit tanzenden Flammen auf weißen Stabkerzen verbreiten **Gemütlichkeit** und wohlige Wärme. Die Karte ist unkompliziert. Große Scheiben Landbrot verwandeln sich in üppige Stullen eines ländlichen Seelenfrühstücks, beschmiert mit guter Butter, je nach Vorliebe belegt mit **Käse, Schinken, Lachs.** Süßer Stuten wird mit Schoko- oder Fruchtaufstrichen verfeinert. Musik gibt es keine, dafür wohliges Stimmengemurmel in der Stube und Zeit für echte Begegnungen, ein paar freundliche Worte an der **Hofladentheke** beim Bestellen, ein Lächeln und Smalltalk mit den Gästen der Nachbartische.

Bauernhof am Mechtenberg, Am Mechtenberg 5, 45309 Essen, Tel. (02 01) 5 58 77 26, www.bauer-budde.de

19 *Meine Atempause*

STILLER LUXUS

Anstatt mit zugehaltenen Ohren dem Lärm des Alltags zu entfliehen, sich in klösterlicher Stille fern des Stadtgetümmels eine kleine Auszeit gönnen.

In der Stille kommen die Gedanken zur Ruhe, gleich einem See, durch dessen ruhige Wasseroberfläche man bis auf den Grund schauen kann. So gelingt es uns auch mit ein wenig Übung, innezuhalten, um den eigenen Grund näher zu erkunden. Dafür tut es gut, einen geschützten Raum für sich zu haben, der Stille und **Zeit zum Schweigen** und Nach-innen-Schauen schenkt.

Das Kloster Saarn ragt imposant aus der Stadtkulisse auf. Es liegt umgeben von einem liebevoll gepflegten **Kräutergarten** und Bienenstöcken, von Blumenwiesen und einem kleinen Café mitten in der Landschaft. Tritt man durch eine große Holztür ins ehemalige Klostergebäude, so wird man im meist menschenleeren Foyer von einem Schild **willkommen** geheißen, welches eine „spirituelle Tankstelle" ausweist.

Für mich!

Das Gedankensummen bei den Bienen lassen

Um dem geschäftigen Treiben der Außenwelt, dem Dauereinfluss des Großstadtlärms im Innern des Klosters zu entkommen, muss man kein Christ, kein kirchentreuer, kein gläubiger Mensch sein. Jeder Mensch ist willkommen, der die Atmosphäre in den alten Mauern genießen möchte.

Stadtohren sind durch besonders viele Reize belastet. Anders als die Augen, die wir bewusst schließen können, sind sie unbewusstem Stress dauerhaft ausgesetzt. In der Stille des Kirchenraums, beim Umhergehen oder Sitzen auf einer Bank, können wieder ganz feine und leise Geräusche wahrgenommen werden, welche sonst übertönt werden: die eigenen Schritte auf dem Boden, das **sanfte Knarzen** der Kirchenbank beim Hinsetzen, der langsamer und leiser werdende Atem.

Gedanken drängen sich ins **Bewusstsein,** unser Gehirn schmiedet Pläne, Unerledigtes will Beachtung finden. Doch lässt man all dies unvollendet ziehen, wie Wolken, die kommen und gehen, so lernt man die Stille wieder zu schätzen Die Abstinenz des Alltagslärms aus Quietschen, Brummen, Knallen, Rauschen, Dröhnen ist ein selten gewordener Luxus.

Kloster Saarn, Klosterstraße 53,
45481 Mülheim an der Ruhr, www.kloster-saarn.com

20 *Meine Atempause*

DIE LUNGE HOLT LUFT

Überall Salz! An den Wänden, auf dem Boden. Lichtdurchflutete Salzkristalle in dampfenden Säulen verbreiten eine mystische Atmosphäre. Das ist Wellness für die Atemwege.

Wie wichtig es ist, hinter die Fassade zu schauen, erfährt man in der **Salzgrotte im Bunker.** Ein alter Hochbunker ragt am Straßenrand auf, seine Bemalung ist Ausdruck von Wohlbefinden: Sonne, Meer, blauer Himmel. Ursprünglich als schützendes Gebäude errichtet, schenkt es heute als riesiger Wellness-Zylinder seinen Besuchern eine Zeit zum Durchatmen.

Beim Betreten des einstigen Bunkers lässt sich die Andersartigkeit eines runden Gebäudes erfahren und viele Durchgänge in kleine Räume wecken die **Vorfreude** auf die Zeit hier. Bevor die Anmeldung und die Einführung für eine 45-minütige Sitzung erfolgen, hat man die Gelegenheit, die verschiedenen Salzprodukte zu entdecken: Salzpeelingsteine, Salzbonbons mit Kräuter- oder Fruchtgeschmack, Salzlampen oder Bücher zum gesundheitlichen Aspekt der mineralisch angereicherten Luft der Grotte. Leise Entspannungsmusik und warmes **honigfarbenes Licht** schaffen eine beruhigende Atmosphäre. Doch das eigentliche Wellnessprogramm in der Salzgrotte genießt man **auf bequemen Liegen,** eingekuschelt in warme Decken. Ist man in seiner Liegeposition, braucht man nur noch zu atmen.

Für mich!
Einfach nur atmen und entspannen

Das ausgewogene Mikroklima mit einer Luftfeuchtigkeit von 50 bis 60 Prozent führt nicht nur zu einer wohligen Entspannung, sondern man aktiviert durch Inhalation der lebenswichtigen Mineralien und Spurenelemente die Selbstheilungskräfte und gleicht Energiedefizite aus. Das Angebot der Salzgrotte ist vielfältig: Neben reiner und gesunder Luft bietet sie auch eine intensivere **Soleverneblung** an, ebenso Ruhezeiten auf beheizten Salzbetten oder einer Jadestein-Massageliege. In weiteren Sitzungen taucht man in Klang- und Fantasiereisen ein oder lauscht einem Märchen für Erwachsene.

Beim Verlassen der Salzgrotte bleibt neben einer wohligen Entspannung noch der salzige Geschmack auf den Lippen. Die Assoziation einer Meeresbrise begleitet die Rückkehr in den Alltag.

Salzgrotte im Bunker, Nienkampstraße 44, 45896 Gelsenkirchen,
Tel. (02 09) 37 00 43, www.bunkersalzgrotte.de

21 *Meine Atempause*

SINNLICHE IMPROVISATION

Dass Konzerte und Meditation keinen Widerspruch bilden, beweisen Veranstaltungen mit Begegnungen von Flügel und unterschiedlichen Künstlern.

Neugier und die Suche nach einer Auszeit genügen, um eine **Konzertmeditation** besuchen zu können. Lässt man sich auf den Stimmenzauber ein, genießt man einen Aus-Zustand des eigenen Gedankenwirrwarrs.
Den Besuchern gegenüber steht ein Flügel für den Pianisten Michael Gees, der eine kleine Gruppe von Stimmträgern begleiten wird. Für ihr Publikum schaffen die Musiker individuell kreierte Momente, erzeugen aus einem Anlass heraus einen Gedanken im Jetzt, den sie mit ihrer Körperhaltung und Stimme erklären. Dieser Anlass ist ein rezitiertes Gedicht, ein tagesaktuelles **Gefühl** oder eine Begegnung, für die erklärende Worte nicht genug sind. Mal positiv, mal glücklich oder hoffnungsvoll, mal traurig, bedrückend oder hilflos. Durch stimmungsbezogenes **improvisiertes Singen,** gesprochene Worte und Lautmalerei, durch Fußscharren oder dumpfes Trommeln auf nahezu klanglosem Steinboden drücken die Künstler aus, wofür Worte nicht ausreichen. Sie beginnen solistisch aus dem gegenwärtigen Augenblick heraus, werden von den Klängen des Flügels begleitet, der ihren Ausdruck unterstützt. Aus der Idee eines sich fortspinnenden Gedankens improvisieren sie immer wieder aufs Neue und liefern eine **gemeinsame Performance** mit individuellen Facetten. Das ist das Angebot der Konzertmeditation: aus einem persönlichen Anlass heraus gemeinsam etwas zu denken.
Die Konzertmeditation erlebt man bequem auf einem Stuhl sitzend. So darf man an den Geistesübungen teilnehmen, ohne von einer ungewohnten Körperposition abgelenkt zu sein.
Das bewusste Lenken der Aufmerksamkeit auf ein gemeinsames Thema erzeugt Emotionen und jongliert mit der Fantasie des Zuhörers. Wer noch etwas mitteilen möchte, kann im Anschluss beim **„Meet the Artists“** die Künstler ansprechen und mit ihnen eigene Empfindungen und Eindrücke teilen.

Für mich!
Hören und fühlen aus dem Moment heraus

Konzertmeditation, Michael Gees, www.michaelgees.com, verschiedene Veranstaltungsorte, zum Beispiel Consol Theater, Bismarckstraße 240, 45889 Gelsenkirchen

HAWAII IM POTT

Die Augen schließen, von unendlicher Weite träumen, auf Wellen des türkisblauen Meeres schaukeln und leiser Musik lauschen: Die Lomi-Massage lässt uns in die Ferne schweifen.

Jeder Mensch ist wertvoll – unabhängig von seiner Körperform, seinen Makeln, seiner Herkunft, seinem Seelenzustand. In der liebevoll gestalteten Massagepraxis Ruhe und Zeit darf man sicher sein, dass die Inhaberin Anna Zeiger für jeden eine angenehme Wohlfühlatmosphäre schafft. Oft sind Verspannungen nur eine Reaktion des Körpers auf innere Überbelastung. Hier setzt die **Lomi-Massage** an, die sich durch ihren ganzheitlichen Ansatz von einer rein physiologischen Gesundheitsmassage unterscheidet. Im Gespräch erspürt die Masseurin den körperlichen Zustand und die mentale Verfassung ihres Gegenübers. Dazu nutzt sie nicht nur ihr soziologisches Wissen, sondern ihre **Empathie** und ihr lebendiges, selbstreflektiertes Wesen, die sie als warmherzige Menschenfreundin auszeichnen.

Für mich!
Raum und Zeit vergessen. Ruhe spüren

Warme Farben und viel Grün spiegeln **Naturverbundenheit** wider, die sich auch durch alle nicht sichtbaren Bereiche zieht, wie bei Ölen und Tees aus biologischer Herkunft. Auf Anna Zeigers Insel der Ruhe und Zeit stört kein Telefon, kein knapp terminierter Anschlusstermin das wertvolle Gut der fürsorglichen Massage- und der anschließenden Ruhezeit. Massiert wird auf einer beheizbaren Massageliege mit duftendem Öl aus Mandeln oder Nüssen. Dazu werden nicht nur die Hände, sondern auch die Unterarme benutzt, sodass man das Gefühl vermittelt bekommt, auf **hawaiianischen Meereswellen** geschaukelt zu werden, begleitet von spirituellem Gesang oder leiser Musik.

Ursprünglich kommt die Lomi-Massage aus Hawaii, wo Anna Zeiger ihre Ausbildung auf Maui absolviert hat. Jedes Inselvolk dort hat seine eigene Tradition und versucht sich seine Individualität zu bewahren. Es sind Heilbehandlungen, die nicht nur das Lösen von Blockaden durch **Kneten, Reiben, Drücken** – dem Lomi – bewirken, sondern auch die Reinigung des Körpers und des Geistes initiieren. So kann die körpereigene Energie nach einer Massage wieder harmonischer fließen.

Massagepraxis Ruhe und Zeit, Klarastraße 47,
45130 Essen, Tel. (01 63) 2 08 18 09, www.ruheundzeit.com

23 *Meine Atempause*

WASSER UND WEITE

Eine sattgrüne Flussaue im Ruhrtal liegt auf der Landkarte nur einen Fingerbreit von der Innenstadt entfernt und eine Auszeit ist oft näher, als man glaubt.

Warum nicht mal am **Leinpfad** flanieren? Auf vornehme Art sagt man damit: umherschweifen, ohne Eile hier und da verweilen, planlos genießen und schauen. Am Leinpfad in Mülheim ist Flanieren an der Ruhr eine besondere Zeit. Hier kann man sich nach längerem Sitzen auf dem Bürostuhl oder dem Sofa ein bisschen die Füße vertreten und **frische Luft** schnappen. Solange man mag, lässt es sich hier an der Ruhr entlangschlendern. Pusteblumen wachsen in Schulterhöhe und anspruchslose Steingewächse verzaubern die Natursteinritzen, erinnern an einen Vertical Garden im Miniaturformat. Von Zeit zu Zeit zieht ein Schiff vorbei, und wer mag, kann an der Uferpromenade einfach nur so dasitzen und die Beine über der Wasseroberfläche baumeln lassen.

Für mich!
Augen wie Vögel übers Wasser gleiten lassen

Am Leinpfadbüdchen gibt es kleine Stärkungen für den Alltag. Eis und Limo, Kaffee und eine echte **„gemischte Tüte“,** die es nur „anne Bude“ gibt. Eine Papiertüte gefüllt mit Schaumerdbeeren, Center-Shocks und Lakritz, mit Knöterich, weißen Mäusen und Schlümpfen. Bezahlt werden ein paar Cent pro Stück. Schnörkellos, individuell, ehrlich. Überquert man die blaue Brücke an der Staustufe, gelangt man in die Ruhrauen und ist nach wenigen Schritten im ornithologischen Glücksgebiet. **Wasser- und Singvögel** schnattern und zwitschern und flattern umher. Hobbyfotografen mit überlangen Objektiven weisen den Weg zwischen Kormoranen, Graureihern, Rotkehlchen und Heckenbraunellen. Eine **beeindruckende Idylle** im Ruhrgebiet! Nicht weit ist es zur Eisvogelbrücke. Die kleine Holzbrücke in der Saarn-Mendener Aue ermöglicht den Blick in verwachsene Wasserarme mit feucht-wilden Ufern. Die fischreichen Überflutungsgewässer bilden die Grundlage für das Naturparadies der Vögel. Manch ein Vogelfreund legt ein paar Nüsse auf das Brückengeländer. Besonders geduldige Beobachter können sogar einen **Eisvogel** entdecken. Sein schillernd buntes Gefieder reicht von Kobaltblau bis Gletschertürkis. Einfach nur sein, warten und schauen.

Eisvogelbrücke, 45481 Mülheim

DAS NICHTS ÜBEN

Nichts tun – nichts denken, nichts planen, nichts erwidern. Sich an einem ruhigen Ort der Stille hingeben und seine Gedanken bewusst wahrnehmen und ziehen lassen.

Zazen ist das **Sitzen in Stille.** Gedanken und Gefühle zerren in solchen Situationen oft an uns, fordern eine Reaktion ein: eine Lösung, das bloße Korrigieren der Sitzposition, das Entfernen eines kitzelnden Haares auf der Wange, ein Räuspern, das Spüren eines Schmerzes. Was so leicht und scheinbar unspektakulär klingt, ist eine **hohe Kunst,** ein Werkzeug, sich selbst wahrzunehmen und diese Fertigkeit in zwischenmenschlichen Beziehungen, beim Arbeiten, beim Finden seines Platzes in der Welt einzusetzen. Eine Kunst, die Übung erfordert. Eine Kunst, die jeder erlernen kann.

Für mich!
Einfach nur sitzen und Gelassenheit üben

Anleitung und Übung findet man in einer Meditationsgruppe. Alle sind willkommen. Die offene Privatinitiative Daishin Zendo in Witten wurde von Magnus Berghoff und Jaqueline Rauh ins Leben gerufen. Sie erklären die Struktur des Zazen im Stil des japanischen Rinzai-Zen. Dabei sitzen die Meditierenden in einem Kreis mit dem Gesicht zur Mitte des Raumes. Nach einem zeremoniellen Einzug, der die Schwelle **zwischen Alltagswelt und Meditationsraum** bewusst macht, folgen Verbeugungen in traditioneller Weise, um schließlich seinen vorbereiteten Platz im Kreis der Übenden einzunehmen. Der Meditationsraum ist schwach beleuchtet, Kerzenschein beweist Lebendigkeit, der Duft eines Räucherstäbchens zieht durch den Raum. Man sitzt im Fersensitz, auf einem Meditationskissen oder einer Meditationsbank. Wohlig **andächtige Stille** breitet sich aus und man darf seinen Blick durch halb geöffnete Augenlider vor sich auf dem Boden ablegen oder seine Augen ganz schließen, seinen Atem beobachten. Zwei bis drei Sitzrunden wechseln mit kurzen Pausen oder einer Gehmeditation ab. Hyoshigi, japanische Klanghölzer, werden zwischen den einzelnen Einheiten geschlagen. Auch der Auszug der Meditationsgemeinschaft erfolgt geordnet: Reihenfolge, einfache Wege, ein definierter Ablauf helfen bei der Suche nach Klarheit.

Daishin Zendo, Am Hang 21,
58453 Witten, www.zendo-witten.de

Meditation

Monkey-Minds beobachten

SO EINFACH, SO WIRKSAM UND DOCH SO SCHWER?

Meditation ist die Übung, den Augenblick, sich selbst und die Welt so wahrzunehmen, wie sie gerade sind. Es gibt vieles im Leben, was außerhalb unserer Kontrolle liegt, manches ist uns bewusst, vieles ist einfach immer da und wirbelt in unserem Kopf herum, kreiert Gedanken und Gefühle. Unser Verstand sucht ständig nach Lösungen, nach Ideen, beurteilt, vergleicht, funktioniert und optimiert. Stress, Lethargie und Unzufriedenheit bestimmen schnell einen ganzen Tag, viele Tage, ein ganzes Leben. Diesen chaotischen, rastlosen, aufreibenden Zustand wahrzunehmen und in innere **Ruhe und Weite** sowie zu einer gesammelten und positiven Geistesverfassung zu führen, übt die Meditation.
Gerade am Anfang fällt es schwer, die Monkey-Minds auszuhalten, die Gedanken, die wild und frech wie aufgescheuchte junge Affen im Kopf herumhüpfen, sie einfach zu beobachten und nicht zu reagieren. Dabei

wurden sie gar nicht aufgescheucht, sondern sind immer da! Sie tauchen auf, wenn wir warten, quälen uns, weil unser Verstand darauf trainiert ist, Dinge verstehen zu wollen, und rauben uns den Nerv oder gleich den Schlaf. Besonders kopflastigen Menschen fällt es anfangs schwer, sich einfach nur wach auf das **Hier und Jetzt** zu konzentrieren, ohne dem Versuch nachzugehen, irgendwohin zu gelangen. Die Sammlung des Geistes, Gedanken wahrzunehmen, sein zu lassen, ist anstrengend und gleichzeitig lohnend, denn die Mediation schenkt im Alltag, im Leben eine **wohltuende Gelassenheit** und positive Gemütsverfassung.
Man darf behutsam üben, liebevoll und verständnisvoll mit sich selbst sein. Gerade als Anfänger muss man nicht im Lotussitz auf dem Boden leiden, Meditationskissen oder ein Stuhl erfüllen denselben Zweck und machen das Beobachten, das Staunen über die Gedankenaktivität im Kopf möglich. Je inständiger wir uns Ruhe im Kopf wünschen, umso mehr Einkaufszettel, Arbeitsärger, Schmerzempfinden, aber auch Ideen, Begegnungen und Reisepläne ringen um unsere Aufmerksamkeit und versuchen uns zu beschäftigen. Mediation ist anstrengend, jedoch erlernbar, spannend und wertvoll!

„Erst wenn du weißt, was du tust, kannst du tun, was du willst.“ (M. Feldenkrais)

Atemmeditation

Die Beobachtung des Atems ist eine der einfachsten Meditationsformen. Der Atem ist immer da! Diese Meditation kann man im Stehen und im Sitzen üben.

- Richte deinen Körper auf, genieße die Länge deiner Wirbelsäule, lehne dich nicht an.
- Senke deinen Kopf ein wenig.
- Schließe die Augen.
- Beobachte deinen Atem, ohne ihn zu verändern.
- Fühle, wie dein Atem durch deinen Körper ein- und ausströmt.
- Nimm auftretende Gedanken wahr, lass sie sein, denke sie nicht zu Ende, lass sie weiterhüpfen wie ausgelassene Affen.
- Spüre nach und nimm deine Auszeit als Geschenk mit in deinen Tag.

25 *Meine Atempause*

ÜBERALL STERNENSTAUB

Überwältigend ist der Blick in einen sternenklaren Nachthimmel, der sich in der Unendlichkeit verliert. Wie unbegreiflich, wie schön ist das Weltall!

Durch das helle Lichtermeer in der Stadt ist der **Sternenzauber** kaum zu sehen. Seine Schönheit wird fast nicht mehr wahrgenommen und das Wissen über seine Existenz scheint in Vergessenheit zu geraten. Sternschnuppen sind romantische Erinnerungen, die Namen der Sterne und Planeten verblassendes Wissen aus der Schule, Sternbilder rutschen in die Welt der Astrologie.

Im Zeiss Planetarium Bochum wird die Planetariumskuppel in eine 360-Grad-Projektionsfläche verwandelt. Mit einem hochmodernen Universarium, einem Sternenprojektor, wird ein wolkenloser Himmel mit deutlich **strahlenden Himmelskörpern** geschaffen: Sternenhaufen, Nebel und Milchstraßen, ganze Galaxien tauchen mit unübertrefflicher Brillanz vor den Augen der Besucher auf. Während sich die Staunenden in ihren weich gepolsterten Sesseln zurücklehnen, erklingt zur Projektion passende Musik: **sphärische Klänge,** Stücke großer Pop- und Rockikonen oder stimmungsvolle Live-Improvisationen am Klavier. Lesungen unterm Sternenzelt sowie Erklärungen zu Weltallphänomenen sind ebenfalls im weit gefächerten Programm des Planetariums zu finden. Ergänzt durch hochtechnisierte Computeranimationen und Originalaufnahmen von Bord der Internationalen Raumstation ISS kann der Sternenhimmel an jedem Ort der Erde und zu allen Jahreszeiten simuliert werden.

Für mich!
Den Sternen nah sein

Auf diese Weise reist man bequem zu den grün tanzenden, gigantisch aufragenden Polarlichtern am Nachthimmel über Arktis und Antarktis. Eine besondere Faszination geht von diesen Erscheinungen aus, wenn sie wie **riesige Farbvorhänge am Himmel** wehen. Ansatzweise begreift man, welche Auswirkungen Sonnenwinde in unserem Erdmagnetfeld haben. Verlässt man danach das Planetarium und steht wieder unter dem freien Himmel, darf man sich erinnern, dass all der **Zauber** keine Illusion ist.

Zeiss Planetarium Bochum, Castroper Straße 67, 44791 Bochum, Tel. (02 21) 28 02 14 (Tickethotline), www.planetarium-bochum.de

26 Meine Atempause

INSEL DER BÄUME

Auf einer Insel in der Ruhr lassen sich alteingesessene grüne Bewohner entdecken, die Symbole oder Wegweiser und auch Begleiter durch die Jahreszeiten sein können.

Eine einladende Brücke ermöglicht den Übergang vom Festland auf die grüne Insel in der Ruhr. Die Brehminsel versteckt sich nicht, sondern ist eingebettet in ein reges Treiben. Die Insel zwischen Ruhr und Heyerstrang zur Neukircher Schleuse ist Heimat **majestätischer Baumriesen.** Verschiedene Exemplare aus den letzten Jahren des 19. Jahrhunderts lassen sich hier bestaunen. Beim Betreten der Insel findet man Flyer, die es leichter machen, die Bäume zu erkennen.

Der beschauliche **Rundweg** über die Brehm, wie die Insel von den Werdenern genannt wird, schlängelt sich zwischen Scheinzypressen, Flatterulmen und an einem Catalpa vorbei, der im Frühling riesige Trompetenblüten trägt. Und während man sich dem Rauschen des Windes hingibt, um einen kurzen Moment dem Lärm der Welt zu entfliehen, schaukelt ein Pärchen Mandarinenten auf den sich kräuselnden Wellen.

Für mich!

Eine Insel.
Alte Bäume.
Grüne Pause

Man lernt auf dem Spaziergang, dass Ahorn nicht gleich Ahorn ist. Es gibt hier Spitzahorn, Silberahorn und Bergahorn zu sehen. Linden strecken ihre herzförmigen Blätter den Besuchern entgegen. Bäume werden in vielen Kulturen verehrt, denn Religionen und Mythologien der ganzen Welt verbinden Orte der Andacht mit ihnen. Bäume sind **Symbolträger,** je nach Wachstumsverhalten, Wuchs- und Blattform oder Standort. Eine persönliche Geschichte oder die bloße Freude über einen kühlen **Schattenplatz,** um der Hitze der Sonne zu entfliehen, lassen einen Baum unter vielen anderen Bäumen zu etwas Besonderem werden. Ein junger Baum wird zur Geburt eines Kindes gepflanzt, ein mit bunten Bändern geschmückter Maibaum soll **Lebensfreude** wecken und symbolisiert Zuneigung und Fruchtbarkeit. Gerichtsbäume, Grenzbäume, Weihnachtsbäume werden gefürchtet, geschätzt oder besungen, ihr Name ist Programm.

Alles hat seine Zeit, und eine Zeit inmitten alter, knorriger Bäume ist eine kleine Auszeit, um die eigenen Wurzeln wieder zu spüren.

Brehminsel, Zugang über Joseph-Breuer-Straße, 45239 Essen-Werden

27 *Meine Atempause*

EHRLICHER FEINKOKS

Eine liebevoll gebrühte Tasse Kaffee aus frisch gerösteten Bohnen, fair geerntet am anderen Ende der Welt, dazu paradiesischer Milchschaum – das ist pure Selbstfürsorge!

Wie ein Juwel liegt der Kubus der **Rösterei Baristoteles** mit grün schimmernder Glasfassade in den Gemäuern der Herrenhausruine des ehemaligen Adelssitzes Haus Weitmar. Über eine alte Bruchsteinbrücke, die über einen mit Seerosen bedeckten Wassergraben führt, gelangt man zur Rösterei. Nun noch eine ausgetretene geschwungene Treppe hinauf und man befindet sich im Herzstück der kultigen Kaffeeszenerie. Stilvoller Industriecharme lebt hier in der Geschichte des 13. Jahrhunderts. Ein aromatischer Duft verrät den heißen Grundstoff des Lebenselixiers.

Simon Hass betreibt seine Kaffeerösterei mit **Leidenschaft.** Frische Bohnen kommen in großen Jutesäcken an und werden vom Röstmeister persönlich in einem Kaffeeröster veredelt. Wie so eine Feuertrommel aussieht, die grüne Bohnen in **braunes Gold** verwandelt, lässt sich im angrenzenden Kaffeemaschinenmuseum bestaunen: Röstöfen stehen neben Espressomühlen und Espressomaschinen verschiedenster Jahrgänge. Sie rufen Bilder von südländischen Espressobars wach, die man hektisch betritt, um sie wenig später entspannt und gestärkt zu verlassen. Bereit für den Tag! Das gelingt auch im Baristoteles, nur dass sich die Hektik schon vorher im Schlosspark verliert. Besucher sitzen fernab vom urbanen Treiben entweder auf der umlaufenden Terrasse und schauen über den Wassergraben ins Grüne oder sie pausieren in der detailverliebt gestalteten Halle unter Körben einer ehemaligen Waschkaue, an mosaikbesetzten Tischen auf ausgedienten Kirchenbänken. Stilvolle Wortspielereien wie Feinkoks, wie der Röstmeister sein Opus nennt, beschreiben **mehr als bloßen Genuss.** Und während man seine Gedanken um ein Stück ehrlichen Kuchen kreisen lässt, kann man sich mit allen Sinnen ganz dem schokoladig-karamelligen Kaffee des Baristas hingeben.

Hätten die Adelsleut geahnt, was für ein köstliches Gebräu in ihren Mauern sprudeln wird, wären sie vielleicht noch heute im Haus Weitmar.

Für mich!
Erst mal eine kompetente Tasse Kaffee

Baristoteles, Schloßstraße 1 a, 44795 Bochum,
Tel. (02 34) 51 69 73 41, www.baristoteles.de

ENTSPANNUNG ZIEHT KREISE

In honigfarbenem Kerzenlicht stehen sie bereit: große und kleine Reisebegleiter, auf Kissen wartend, bis alle Klangreisenden ihren Platz gemütlich hergerichtet haben.

Eine Klangreise kommt ohne unerquickliches Kofferpacken, ohne lästigen Flughafentransfer, ohne zermürbenden Jetlag, überhaupt ohne physischen Ortswechsel aus. Sie ermöglicht den Reisenden allein in ihrer **Fantasie** das Besuchen ferner Orte und eindrücklicher Plätze und das Erinnern merk-würdiger Erlebnisse.
Kirsten Forster ist Entspannungspädagogin und eine Reiseleiterin, die es versteht, die Gäste in ihrem Atelier **mit sanften Klängen** der schwingenden Klangschalen in einen Zustand der Ausgeglichenheit und inneren Harmonie zu versetzen. Mit wärmenden Socken an den hochgelegten Füßen, in flauschige Decken eingehüllt liegen die Klangreisenden auf Wellnessliegen. Sie genießen erwartungsvoll einen achtsam gereichten, dampfenden Tee. Wer mag, schließt die Augen, atmet die letzte Alltagsluft aus den Lungen und überlässt seinen ruhenden Körper den **Klangwellen und Schwingungen** der tönenden Schalen und des erdenden Gongs.

Für mich!
Klingende Berührung spüren

Der menschliche Körper besteht zu 80 Prozent aus Wasser. Gleich einem Stein, der ins Wasser fällt und konzentrische Kreise in die Wasseroberfläche zieht, breiten sich Schallwellen auch im menschlichen Körper aus. Muskelzellen, Gelenke, Organe geraten in leichte Schwingungen, sanfte Vibrationen lösen Verspannungen, Verhärtungen oder sogar Blockaden. Ein **angenehmes Kribbeln** wandert durch die Glieder und den Körper. Durch entspanntes Nichtstun entsteht ein wunderbarer **Zustand des Loslassens.** Impulse, die im Kopf der Genießenden Orte kreieren, und eine Geschichte zum Träumen versüßen die wohltuende Zeit. Eine Koshi, ein klingendes Windspiel aus Bambus, kündigt zärtlich die baldige Rückkehr von der Wellenreise an, bis schließlich eine helle, hohe Zimbel das Ende und die Ankunft im honigwarm leuchtenden Raum bekannt gibt.

Ruhepol Forster, Erlenbecke 21, 58285 Gevelsberg,
Tel. (0 15 73) 3 16 58 92, www.ruhepol-forster.de

29 *Meine Atempause*

SCHICK SCHNABULIEREN

Feierabend. Kulinarisches Lustwandeln auf dem versteckten Springerplatz, der sich freitags in einen Treff für Feinschmecker verwandelt.

Auf dem Moltkemarkt in Bochum lassen sich freundschaftliches Beisammensein und Handel als kostbare Alternative zum hektischen Wochenendeinkauf genießen. Augen, Nase, Bauch und Ohren übernehmen die Führung, um das **Geschmackserlebnis** vorzubereiten: naschen, prüfen, staunen. Dabei ist ein Gespräch mit den Händlern ausdrücklich erwünscht: Woher kommen die Oliven? Was hat es mit dem eigens für den Moltkemarkt kreierten Moltkebrot auf sich? Wie lagert man echten Rohmilchkäse? Dabei darf man sich von leidenschaftlicher Erzählung über Käseherstellung oder verführerischen Düften einfangen lassen.

Für mich!
Der Bauch – bester Ratgeber beim Naschen

Der ganze Markt wird zu einer ansprechenden Gesamtkomposition für anspruchsvolle Gaumen. Plakate und Papiertüten mit einer stilvollen modernen Schrift machen auf den Moltkemarkt aufmerksam. Ausgewogene Kulinarik stillt Gelüste von süß bis herzhaft. Höchste Qualität ist das Aushängeschild des Marktes: ein **orientalischer Naschteller** mit persischem Petersilien-Taboulé, lecker gefüllte türkische Teigtaschen mit duftenden Gewürzen oder leichte **italienische Antipasti** mit knusprig gebackenem Brot, das man in hochwertiges Olivenöl stippt. Kräftig-deftig versorgt ein **Südtiroler Brettl** mit Bergkäse und Schinken seine Gäste. Das Warten in den Schlangen wird zur Chance, sich inspirieren zu lassen. Bei der Vielfalt ist man froh, wenn der Moment der Entscheidung etwas hinausgezögert werden kann. Sollten alle Tische besetzt sein, lässt sich die Plauder- und Verweilzeit mit einem Gläschen Wein durch Sitzgelegenheiten auf mit Kissen aufgehübschten Pflanzkisten verbringen, bevor man in der nächsten Schlange steht, weil einem der Duft des trommelgerösteten Kaffees in die Nase steigt – von Hand aufgebrüht. Dazu vielleicht noch eine **Brüsseler Waffel** zum Abschluss! Oder doch lieber ein saftiges Stück Blechkuchen?
Sinnessatt, verwöhnt, kulinarisch bereichert, das ein oder andere nette Gespräch – so lässt sich ein Wochenende gern einläuten.

Moltkemarkt, Springerplatz, 44793 Bochum,
www.moltkemarkt.de

LACHENDE FÜSSE

Wo Lebensfreude strahlt und der Klang der Trommeln mit dem Herzschlag einen Rhythmus findet. Wenn Füße tanzen, glühen sie vor Glück!

Bunte Farben und ein warmes Lächeln heißen Tanzerfahrene und neugierige Neulinge beim Treffen zum afrikanischen Tanz mit **Live-Trommelmusik** willkommen. Dabei spielt es keine Rolle, ob man sich in einem Kreis unter freiem Himmel, in einem lichtdurchfluteten Saal oder einem verborgenen Raum trifft. Die Sinne finden immer einen Anlass zur Freude: kreativ gemusterte Gewänder, ein bunter Blumenstrauß, Trommeln in allen Größen, die sich aufzuwärmen scheinen und kleine Sequenzen erklingen lassen, bevor es richtig losgeht. Tanzlehrerin Birgit Sagna begrüßt alle Teilnehmenden mit fröhlichen Worten und schelmisch **klingelnde Schellen** an ihren Fesseln kommentieren jeden ihrer Schritte. Man findet sich im Kreis zusammen und das Spiel zwischen Trommlern und Tänzern beginnt.

Für mich!
Auf nach Afrika. Lass die Füße erzählen

Beim westafrikanischen Tanz bilden die Musiker mit Solo- und Begleittrommeln und die Tanzenden eine unauflösbare Einheit. Es ist eine **Symbiose aus Körperbewegung und Musik,** die von ständiger Interaktion der Beteiligten lebt. Getanzt wird barfuß, um den Kontakt zur Erde zu spüren, und die Lebendigkeit des Körpers unterliegt keiner Perfektion. Jeder tanzt für sich allein und wird doch von der Gruppe getragen und inspiriert. Dabei nimmt Birgit ihre tanzenden Teilnehmer mit in die Kultur Westafrikas; die Tänze erzählen von Riten und Bräuchen. Jeder Tanz hat seinen eigenen **Rhythmus,** seine eigene Performance, ermöglicht eine Auseinandersetzung mit der jeweiligen Lebenssituation. Das Denken wird nach und nach durch körperliche Wahrnehmung abgelöst.
Man braucht keine Vorkenntnisse, keine Kompetenzen und darf ganz individuell seinen Körper wahrnehmen. Dazu mischen sich Anfänger und Fortgeschrittene, sodass jeder von jedem lernen kann. Durch das bloße Einreihen in den Kreis ist man eingeladen, in die Welt aus natürlichen Bewegungen voller **Energie und Expressivität** einzutauchen. Manchmal fühlt man seine Füße lachen.

Afrikanischer Tanz, Birgit Sagna, Julius-Leber-Haus, Meistersingerstraße 50, 45307 Essen, www.facebook.com/birgit.sagna

31 *Meine Kraftquelle*

LUSTIGE PAPPELPLAUDEREI

Eine Bank für jede Stimmung: ungestört ein spannendes Buch beenden, unauffällig dem hektischen Alltag entfliehen, kostbare Plauderzeit genießen.

Parkbänke eignen sich ganz wunderbar, um sich nach einem gemütlichen Spaziergang auszuruhen und das Alleinsein zu genießen. Mit Blick auf Gräser, Wasser und Grün kann man **in der Natur auftanken,** ein Für-sich-Sein unter anderen. Im Rombergpark gibt es viele Bänke, auf die man sich setzen und verträumt mit nackten Füßen Linien und Kreise in sandige Heidewege zeichnen kann, während sich borstige Gräser im Wind wiegen. Es gibt Schattenbänke unter **majestätischen Baumriesen** und weite Wiesenflächen mit bequemen Sonnenbänken. In einem großen Kreis aus schlanken Pappeln, die wie überdimensionale Pinsel in den Himmel ragen, lässt es sich fröhlich quatschen oder der raschelnden Pappelplauderei zuhören. Hier kann man sich ausruhen und lesen oder mit einer Freundin übers Leben philosophieren. Auch ein vertrautes Wort lässt sich auf versteckten Bänken in verwachsenen Nischen oder dicht umrankten Lauben sprechen. Wie ein Baldachin überspannen Rosen einzelne Verweilorte und asiatisch anmutende Pavillons geben immer wieder den Blick in die Landschaft frei. Neben der Weitsicht findet man **blickdichte Oasen,** an denen Tränen oder auch Zärtlichkeiten unentdeckt bleiben. Manchmal trägt der Wind entfernte Akkordeonmusik herbei, manchmal auch einen Schauer, der sich unter einem Regenpilz gut ertragen lässt.

Für mich!
Für jede Laune des Lebens eine Bank

Vor rund 200 Jahren ließ die Adelsfamilie von Romberg den Landschaftspark nach englischem Vorbild errichten. 100 Jahre später erwarb die Stadt Dortmund den Park und erweiterte ihn um einen botanischen Garten. Das exotische **Arboretum** reicht vom fremdländischen chinesischen Taschentuchbaum bis zur südamerikanischen Echten Sumpfzypresse. Es erinnert an das japanische Zen, wenn man inmitten von Bambus die Stille wahrnimmt und im Augenblick verweilt. Auch die rosa Kirschblüten vermitteln im Frühling eine Ahnung des japanischen Kirschblütenfestes.

Botanischer Garten Rombergpark, Am Rombergpark 35 a, 44225 Dortmund, rombergpark.dortmund.de

32 *Meine Kraftquelle*

SCHÖNEN SONNTAG!

Eine alte Burg, weder verschlafen noch vergessen. Hier spielt Musik, hier gibt es Begegnung, hier wird gefeiert! Ein Sonntagsgruß füllt sich stilvoll mit Leben.

Einen wirklich schönen Sonntag darf man auf der Burg Vondern in Oberhausen erleben. Die Sonntagsmatineen bilden einen harmonischen Rahmen, um gemütlich freie Zeit zu verbringen. Die Burgfreunde stimmen sich durch geschmackvolle Kleidung auf die Kultur am Morgen ein. Einen Dresscode gibt es nicht, dennoch werden die schicken Kleider aus dem Schrank geholt, Hosen mit floralen Mustern, Tücher, Hüte, dazu **fröhliche Ausgelassenheit.**

In den schützenden Mauern der Burg findet bei guter Wetterprognose die Morgenveranstaltung im Innenhof **unter freiem Himmel** statt. Dazu werden Bänke, Tische und Sonnenschirme vor die kleine Bühne gestellt, auf denen man in imposantem Ambiente mit Wein oder Wasser, prickelndem Sekt und netten Plaudereien den Beginn der Sonntagsmatinee erwarten darf. Bei unbeständigem Wetter oder kühleren Temperaturen wird in der Remise musiziert. Das ehemalige Stallgebäude mit großer Glasfront gibt den Blick in den Innenhof der mittelalterlichen Burg frei.

Für mich!
Aufwachen und Musik erleben

Die Mitglieder des Förderkreises bilden ein zugewandtes Empfangsteam, sie organisieren die Kartenabholung, weisen die Plätze zu und verantworten das abwechslungsreiche Programm. Das Programm ist ebenso bunt gemischt wie das Publikum und die Sonntagskleidung und reicht von spanischen Gitarrenklängen über legere Opernquerschnitte bis hin zu arabisch-orientalischer Musik. **Zarte Harfen und wilde Blockflöten** versetzen das Publikum in Staunen. Tango, Jazz, Pop und Swing gehören so selbstverständlich zum abwechslungsreichen Matineeprogramm wie klassische Streichensembles und ungewöhnliche Instrumentenbegegnungen. Groß und Klein wählen ihre Lieblingsmusik je nach Geschmack aus einem weiten Spektrum. Sollte das eigene Frühstück etwas spärlich oder improvisiert ausgefallen sein, so gibt es in den Pausen **frische Grillwürstchen, duftende Waffeln** und ähnliche Köstlichkeiten.

Burg Vondern, Arminstraße 65, 46117 Oberhausen, Tel. (02 08) 89 62 97
(Förderkreis Burg Vondern e. V.), www.burg-vondern.de

GUINNESS

KOPFSPRUNG INS GRÜN

Erfahre das Ruhrgebiet mit allen Sinnen. Tauche ein in den Strukturwandel: Aus karger Industriebrache wird Urwald, aus Hoffnungslosigkeit wird Grün.

Zwischen zwei Bäumen öffnet sich der Weg in eine andere Welt! Mit diesen Worten lade ich Waldbadegäste ein, eine absichtslose und urteilsfreie **Zeit in der Waldatmosphäre** zu verbringen und plagende Gedanken, Sorgen oder einen Schmerz an der Schwelle zwischen Alltagswelt und Wald für die Dauer ihres Waldbades abzulegen.
Ich bin Tanja Weßkamp-Lenkewitz, Waldbademeisterin und Gründerin von seinskraft. Bei der Bezeichnung Waldbademeisterin schmunzeln wir verbindend – die offizielle Bezeichnung lautet zertifizierte Trainerin für Waldbaden und **Achtsamkeit** im Wald. Meine Waldbadegruppen bestehen aus Neugierigen, Erholungssuchenden, Männern und Frauen, eben Menschen, die sich etwas Gutes tun wollen. Ich führe sie an grüne Orte im Ruhrgebiet, zu jeder Jahreszeit, auch bei ungemütlichem Wetter. Im waldbadeerfahrenen Japan bedeuten die Schriftzeichen Shinrin Yoku „kleiner Wald“ und „Bad“. Manch Skeptiker wird charmant überrascht, denn überall, wo Wurzeln den Boden berühren, kann man Waldbaden! Es gibt viel Grün, viel Hoffnung und viel Abwechslung. Mal genießen wir ein **Klangbad,** in dem wir mit geschlossenen Augen der Natur lauschen: dem Blätterrauschen, Vogelgezwitscher, Mückengesumm. Oder wir schlendern durch ehemalige Privatwälder, geschichtsträchtige Stadtwälder, tauchen ein in die industriekulturelle Szenerie einer renaturierten Abraumhalde, in die jüngsten Wälder der Erde, und staunen über ihre **Hoffnungskraft:** Die Rinde der Birken umwickelt ihre Stämme wie Kunstwerke, anfassen ausdrücklich erwünscht! Samen, Blätter und Beeren werden genascht, der bloße Augenblick zelebriert. Zeit und Weg spielen keine Rolle. Handys werden ausgeschaltet, um unerreichbar für die Welt und erreichbar für sich selbst zu sein. In der Langsamkeit, im **Unbeschwertsein** darf man sich von der spürbar trotzigen Lebenslust der Natur anstecken lassen und erst nach der raus:zeit wieder auftauchen.

Für mich!
Im Jetzt sein und fühlen, wundern, lauschen

seinskraft, Waldbaden und Achtsamkeit in Essen und Umgebung, Tel. (01 57) 36 57 40 48, www.seinskraft.de, möglicher Startpunkt: Einfahrt vor An d. Kluse 27 B, 45133 Essen

Waldbaden

Eintauchen in die Waldatmosphäre

WALDBADEN IST KEIN HOKUSPOKUS

Erkläre mir Waldbaden! Ich werde ganz still, versuche ein Gefühl und Erfahrungen meiner Sinne in Worte zu fassen. Meine Augen beginnen zu strahlen, ich erinnere mich daran, wie viel Kraft uns der Wald schenkt, wie er unsere Fantasie anregt, wenn er unser Leben spiegelt. Waldbaden ist die freie Übersetzung des japanischen Shinrin Yoku, eines Ideogramms aus **Wald und Bad,** und bedeutet, in die Atmosphäre des Waldes einzutauchen. Man verbindet gern eine Erinnerung mit den facettenreichen Eindrücken, die unsere Sinne in einer Atmosphäre aufnehmen: Urlaubsatmosphäre, Winter- oder Weihnachtsatmosphäre, Sommerparty. Sie alle werden durch eine Fülle an **Sinneserfahrungen** erzeugt, sind das Ergebnis aus Farben und Bewegungen, aus Klang und Musik, aus Düften und Geschmack, aus Wind, Wellen, Wärme, Berührungen oder Stille. Ebenso assoziiert man mit der Erdatmosphäre eine Schutzhülle mit einem lebensspendenden Raum.

Auch der Wald besitzt eine eigene **Atmosphäre.** Bäume und andere Pflanzen verströmen flüchtige Kohlenwasserstoffe, sogenannte Terpene. Durch diese „Pflanzenvokabeln“ entsteht zwischen ihnen eine Wechselwirkung, eine Art Kommunikation. Bäume locken Insekten zur Bestäubung an, wehren durch das Einlagern von Bitterstoffen Fressfeinde ab oder schwitzen gemeinsam bei zu großer Hitze. Diese ausgeschiedenen ätherischen Öle schützen nicht nur die Bäume vor Bakterien, Pilzen und anderen Schädlingen, sondern stimulieren auch das menschliche Immunsystem. Das liegt daran, dass der Mensch ein **Teil der Natur** ist und unser Immunsystem in der Lage ist, die Anreicherung der Terpene im Wald für die Aktivierung des körpereigenen Abwehrsystems zu entschlüsseln.

Biochemisch lässt sich das durch zahlreiche medizinische Studien nachweisen:

- Anstieg der natürlichen Killerzellen: spezielle weiße Blutzellen, die in der Lage sind, abnormale Zellen wie beispielsweise Tumorzellen oder virusinfizierte Zellen aufzuspüren und abzutöten
- Anstieg von Anti-Krebs-Proteinen
- Aktivitätssteigerung des Parasympathikus, des Ruhenervs: führt zu einer aktiveren Verdauung und zu einer besseren Durchblutung aller Organe, was wiederum der Entgiftung des Körpers dient und zu einem verbesserten Schlaf führt

Ebenfalls positive Auswirkungen auf das körperliche Wohlbefinden hat ein absichtsloser Aufenthalt in der Waldatmosphäre:

- Der Blutdruck und der Blutzuckerspiegel sinken.
- Die Atmung vertieft sich, wodurch ein besserer Sauerstoff-Kohlendioxid-Austausch in den Lungen ermöglicht wird.
- Die gedämpften Lichtverhältnisse im Wald beruhigen die Augen und wirken Kopfschmerzen entgegen.
- Die Schallabschirmung durch das Blätterdach mindert die Reizüberflutung lauter, künstlicher und stressproduzierender Geräusche.

Durch sanfte Stimulation der Sinne mithilfe von Waldbade-Übungen werden Unruhe und Stress abgebaut und eine ursprüngliche Beziehung zur Natur und zur Wahrnehmung des eigenen Körpers gefördert.

UNSICHTBARE SUPERKRAFT

Ein Förderturm in warmem Rostrot und eine Landschaftsarchitektur, die das ehemalige Zechengelände in große Wiesen gliedert, liefern beste Bedingungen, um mit dem Wind zu spielen.

Bunt sind sie und scheinbar nicht zu bändigen! Kaum ist man um die stillgelegte Zeche Consol herumgeschlendert, erkennt man die am Himmel tanzenden Flugdrachen. Nur eine zarte Nylonschnur hält sie bei ihren Piloten, die mit beiden Beinen auf dem Boden stehen. Große und kleine **Flugdrachen** und große und kleine Menschen verbindet das Spiel mit der unsichtbaren Naturkraft Wind. Man kann ihn hören, sein Sausen und Brausen, seine Vehemenz, wenn er an Türen klappert. Man kann seine Wirkung sehen, wie er die **Wolken** über den Himmel treibt, zärtlich über das Gras streift, wild mit den Haaren spielt oder die massive Wand aus Baumkronen bewegt. Und möchte man ihn spüren, mit ihm raufen, so sollte man sich mit einem Drachen auf die Wiese begeben und ihn hoch in die Luft steigen lassen. Alles, was die Physik über Auftrieb, Kräftelehre, Windfenster, Powerzone lehrt, was man über Sinuskurven und Gleichungen vergessen, verdrängt oder noch nie gehört hat, ist jetzt unbedeutend für ein Erlebnis mit der ungestümen **Superkraft.**

Geometrisch interessante Kastendrachen, mit leichten Stäben in Form gebracht, als Einleiner, wie man sie von bunt bedruckten Kinderdrachen mit Lieblingshelden kennt, versprechen Erfolg beim Loslaufen. Sie schenken pure Freude, sobald sie abheben, immer höher steigen und den Blick des Halters zum **Himmel** lenken. „Leine geben" als Glückseligkeit! Aber es gibt auch fordernde Flugobjekte: Lenkdrachen und Lenkmatten, bei denen man über Schnüre an Ringen oder eine Lenkstange Kunststücke in der Luft vollbringen kann, auf Böen reagiert, spielt, riskiert, gewinnt oder verliert. Doch ist dies nur eine Enttäuschung für einen Augenblick, um es gleich noch einmal zu versuchen. „Zieh, zieh!" oder „Lauf, renn!" hört man ermutigend von der ein oder anderen Seite. Denken, Grübeln hat hier keinen Platz. Los, mach! Es geht ums Spüren, ums Ausprobieren, um die **Freude am Sein.** Und manchmal auch ums Abheben.

Für mich!
Mit einem Drachen zwischen Himmel und Erde

Consol-Park (beliebtes Fluggebiet),
Bismarckstraße 240, 45889 Gelsenkirchen

35 *Meine Kraftquelle*

VIOLETTE WUNDERWELT

Heideblüten, Heidehonig, Heidschnucken locken nicht nur Heidemaries in die purpurfarbene Landschaft: Besonders im Spätsommer entfaltet die Heide ihre ganze Pracht.

Hat man sich in der Westruper Heide für einen der **vier Themenwege** entschieden, so wandert man je nach Geschmack und Zeit über die Heide-Wald-Route, die Bienen-Route, die Naturerlebnis-Route oder die Dünen-Route. Schon bald möchte man seine Schuhe ausziehen, um das angenehme Schmeicheln der Sandwege mit nackten Füßen zu genießen. Auf diese Weise entschleunigt man augenblicklich, denn die Füße trödeln gern beim Fühlen, während die Augen in der welligen, mit warmroten Heidesträuchern überzogenen Weite entspannen. Krumme Kiefern und **struppiger Wacholder** bezeugen die fegenden Winde in rauer Landschaft.

Im August steht die **Heide in voller Blütenpracht.** Da sich das Geheimnis herumgesprochen hat, ist man hier bei schönem Wetter selten allein. Es lohnt ein Spaziergang am frühen Morgen oder einem regnerischeren Tag, sollte man die Einsamkeit als Sahnehäubchen auf der Naturidylle wünschen. In der Mitte der hügeligen Landschaft erhebt sich eine Sicheldüne als Aussichtspunkt. Von hier lässt es sich in die Weite schauen und das Ausmaß der bizarren Landschaft bestaunen. Eine Sicheldüne ist eine echte Wüstendüne, entstanden aus Sand, die sich aufgrund fehlender Vegetation durch stetigen Wind aus immer gleicher Richtung geformt hat.

Für mich!
Durch außergewöhnliche Landschaft spazieren

In der Heide leben neben zahlreichen Ameisen auch Bienen, die Nektar für sortenreinen Heidehonig sammeln und **mit beruhigendem Summen** einen leisen Klangteppich schaffen. Mit etwas Glück kann man ein Glas Honig neben dem informativen Bienenhaus erstehen. Typisch sind auch die **zotteligen Heidschnucken** mit ihren Ringelhörnern, sie fühlen sich in der kargen Landschaft ebenfalls wohl. Genügsam kauen sie die trockenen Gräser, denen es an Saftigkeit fehlt.

Doch nicht nur zur Blütezeit im Spätsommer lohnt ein Besuch, auch in mystischem Nebel findet man Erholung und Muße.

Wandern in der Westruper Heide, möglicher Startpunkt: Parkplatz Westruper Heide, Flaesheimer Damm, 45721 Haltern am See

36 *Meine Kraftquelle*

SPIEL MIT DER SCHWERKRAFT

Loslassen und bewusst die Schwerkraft spüren, sich ganz in ein seidiges Tuch zurückziehen und sanft schaukelnd Zeit und Raum auflösen.

Über den Yogamatten hängen farbige Tücher an einer sicheren Deckenkonstruktion, bereit, den Yogis eine neue Dimension beim Ausführen der Asanas, der Yogaübungen, zu ermöglichen. Die riesigen Tuchschlaufen helfen, spielerisch einen mehrdimensionalen Raum zu verstehen und nicht nur die Sichtweise, sondern gleich den ganzen Körper der Übenden umzudrehen. Dabei geht es keinesfalls um Akrobatik, sondern um das **Vertrauen** in die Schwerkraft, das beim Aerial-Yoga im freiraum fachgerecht vermittelt wird.

Für mich!
Die Welt auf den Kopf stellen

Aerial-Yoga – das **Yoga in der Luft –** bringt das Gefühl von Leichtigkeit in einen Zusammenhang mit kraftvollen Workouts. Das grandios große und reißfeste Aerial-Tuch verwandelt sich in einen geduldigen Lehrer, wenn man zuvor ein paar Griffe, Kniffe und Falttechniken der fürsorglichen Einführung beherzt. Dann trägt das Tuch ein bisschen mit, hilft bei der richtigen Dosierung der Kraft, korrigiert den Verlust der **Balance** und schenkt vertrauensvollen Halt beim Loslassen. Fest umschließt es den Körper bei Umkehrhaltungen. Dabei wird nicht nur die Welt leichtfüßig auf den Kopf gestellt, sondern eine Streckung von Wirbelsäule und Gelenken ermöglicht. Die Organe werden aus ihrer Lage befreit und manche Blockaden gelöst. Durch schwerkräftige Akupressur werden Entgiftung und Entschlackung des Körpers angeregt.

Nach bewusstem Wahrnehmen des Raumes aus ungewohnten Perspektiven darf man sich von der Welt in eine angenehme Isolation wie in einen Seidenkokon zurückziehen. **Schweben,** sich grenzenlos in die eleganten Tuchfalten strecken und den beruhigenden Effekt des Schaukelns genießen, die Augen schließen, das Herz klopfen spüren und vergessen, wo oben und unten ist. Mit dem Gefühl, alles auf den Kopf stellen zu können, klettert man aus dem **Kokon** und steht bewusst, in spürbarer Balance mit beiden Beinen auf dem Boden.

freiraum Yoga, Benninghofer Straße 252, 44267 Dortmund,
Tel. (01 70) 2 78 04 00, www.freiraum-yoga.net

YOGA

37 *Meine Kraftquelle*

WILDE WIESE

Im Grün in Grün außergewöhnliche Kontraste zu erblicken oder zu erfahren, wie aus einem Bettpisser eine Pusteblume wird: In den Ruhrwiesen und dem Umland lässt sich Wildes entdecken.

Schon der Treffpunkt der **Kräuterwanderung** wird zur Entdeckungswiese, denn Spitzwegerich, Gänseblümchen und Löwenzahn ducken sich mit ihren Blattrosetten dicht an die Grasnarbe. So schnell wird man sie nicht los, auch nicht mit monströsen Aufsitzrasenmähern, und das ist gut so! Martina Holder ist Kräuterpädagogin und Inhaberin von „Kräuterleidenschaft“. Ihre sprudelnde Begeisterung für die so oft unbeachteten **Kraftprotze am Wegesrand** steckt an.

Begreifen durch Begreifen ist ihre wirksame Philosophie. Martina schafft botanische Aha-Momente, die sich ihren Platz im Wissensspektrum jedes Einzelnen suchen. Sie erklärt Blattstrukturen und erfreut sich am **Staunen** ihrer Wiesenwanderfreunde, denn wer weiß, dass Spitzwegerich nach frischen Pilzen schmeckt und Giersch nach Möhre und Petersilie? Den Aufbau von Korbblütlern erklärt sie anhand der Sektion einer Löwenzahnblüte und verdeutlicht so den Begriff Scheinblüte. Essen lässt sich die Löwenzahnblüte komplett, und selbst wenn ihr Geruch ihr den Namen „Bettpisser“ eingebracht hat, schmeckt man nichts dergleichen, wenn man sich traut, sie zu kosten. Der **Zauber der Pusteblume** schafft Verbindung unter den Teilnehmenden und weckt Erinnerungen ans Unbeschwertsein. In Lake eingelegte Löwenzahnknospen lassen sich zu Kapern verarbeiten, Taubnessel-Wildgemüse bildet eine leckere Beilage, nussiges Klettenlabkraut gibt einem **Frühlingssmoothie** einen besonderen Pfiff.

Für mich!
Immer schon Dagewesenes wiederentdecken

Gesund sind sie alle, dazu nachhaltig, regional, saisonal und kostengünstig. Klein, unterschätzt und unerkannt, aber oho! Sie sind bereit, uns dort zu unterstützen, wo wir kleine Zipperlein oder chronische Leiden haben. Alte Sprichwörter und Gedichte, oft beiläufig zitiert, bezeugen, dass ihre Wirksamkeit den Menschen schon lange bekannt ist.

Zum Abschluss gibt es köstlichen Kräuterschnaps und einen kreativen Austausch, der eine wilde Lust aufs Selbermachen pflanzt.

Kräuterleidenschaft, Essen, Tel. (0157) 33 22 15 32, www.kraeuterleidenschaft.de, möglicher Startpunkt: vor dem Freibad Essen Steele an der Ruhr, Westfalenstraße 210 A, 45276 Essen

Kräuterrezepte

Immun-Boost aus der Natur

VERKANNTE WEGGEFÄHRTEN

Löwenzahn

Des einen Freud, des anderen Leid. Dicke sonnengelbe Löwenzahnblüten übersäen die Wiesen im Frühling. Manche Gärtner stechen sie als lästiges Unkraut unermüdlich aus ihren Wiesen. Dabei ist der Löwenzahn wahrlich ein **Wunderkraut.** Auch das Gerücht, dass der Milchsaft in den Stielen giftig sei, stimmt nicht. Die ganze Pflanze ist essbar, reich an Vitamin A und C und sehr gesund. Die Bitterstoffe in den Blättern sind eine Wonne für Leber und Galle, bringen die Verdauung in Schwung und helfen bei Nierensteinen und Rheuma.

Löwenzahnsalat mit Orangendressing

Zutaten für den Salat: 2 Hände junge Löwenzahnblätter, 3 Kugeln Rote Bete (vorgekocht), 2 Möhren, 1 Avocado, 180 g Feta in Salzlake, 1 EL Rapsöl, 150 g Kichererbsen (Konserve), Salz, Pfeffer, 1 TL Currypulver

Zutaten für das Dressing: 1 Knoblauchzehe (fein gerieben), 1 Zitrone (unbehandelt), 2 TL Senf, 100 ml Orangensaft, 2 EL Apfelessig, 80 ml Olivenöl, Salz, Pfeffer
Zubereitung: Löwenzahnblätter waschen, trocknen und grob zerkleinern. Rote Beete in mundgerechte Würfel schneiden. Möhren waschen und in dünne Scheiben schneiden. Avocado halbieren, Kern entfernen und das Fruchtfleisch in Spalten schneiden. Feta grob zerbröseln. Kichererbsen in einem Sieb abspülen und abtropfen lassen. Rapsöl in einer beschichteten Pfanne erhitzen und die Kichererbsen unter regelmäßigem Rühren anrösten. Mit Salz, Pfeffer und Currypulver würzen. Die Schale der Zitrone abreiben und 2 EL Saft auspressen, mit dem Knoblauch und den übrigen Zutaten in einem hohen Rührbecher mit einem Pürierstab emulgieren, mit Salz und Pfeffer abschmecken und über den angerichteten Salat gießen.

Brennnessel

Die Brennnessel: Jeder kennt sie, doch nur Kenner lieben sie. Das Gartenkraut enthält neben Eisen, Kalium und Magnesium mehr **Vitamin C** als Zitrusfrüchte. Es enthält einen Wirkstoff, der Bakterien im Wachstum hemmt, und es hat mehr Eiweiß als proteinreiche Sojabohnen.

Brennesselsmoothie

Brennnessel enthalten viel Chlorophyll. Der grüne Pflanzensaft begünstigt die Bildung roter Blutkörperchen und verbessert die Sauerstoffversorgung des Körpers, was ihm sogar den Beinamen **„Grünes Blut“** verleiht. Seine antioxidative Wirkung führt dazu, dass freie Radikale, die beispielsweise durch Schwermetalle ausgelöst werden, gebunden und ausgeschieden werden. In einem Smoothie-Mixer oder mit einem Pürierstab wird nicht nur die Zellstruktur der Blätter aufgeschlossen, sondern auch die unangenehmen Brennhaare der Brennnesselblätter zerstört. Beim Genuss des Smoothies bleiben alle Vitamine enthalten, welche durch Erhitzen des Krautes teilweise zerstört werden.
Zutaten: junge Brennnesselblätter, verschiedene Obst-, Beeren- und Gemüsesorten nach Belieben, Honig bei Bedarf
Zubereitung: Brennnesselblätter mit Handschuhen waschen, trocknen und grob zerhackt mit den anderen Zutaten im Standmixer verrühren. Bei Bedarf mit Honig süßen.

38 *Meine Kraftquelle*

ZWISCHEN ERDE UND MOND

Wie riesige Hula-Hoop-Reifen wirkt die Landmarke der größten Haldenlandschaft des Ruhrgebiets. Die Aussicht verschafft einen Überblick über die Landschaft, manchmal auch über das Leben an sich.

Der Mond. Er wird besungen, verehrt, bestaunt. Er? Heißt es in vielen Kulturen nicht sie? **Die Mondin,** la Luna! Kinder werden nach ihr benannt, Kalender nach ihr ausgerichtet. In vielen Kulturen wird die Zeit in Monden zu begreifen versucht.

Der Erdbegleiter hat großen Einfluss auf die Erde. Mit seiner Anziehungskraft bewegt er die Ozeane, verursacht Ebbe und Flut. Diese **Anziehungskraft** ist am eigenen Körper spürbar, begibt man sich in der Dämmerung auf die Halde Hoheward, um auf dieser großen, freien Erhebung unter dem Mond zu stehen.

Empfehlenswert ist die Begleitung eines Guides, den man über das Besucherzentrum buchen kann: ein fachkundiger Gästeführer, der es versteht, wissenschaftliche Erkenntnisse auf das Niveau seiner staunenden Besuchergruppe herunterzubrechen. Die Anziehungskraft des Erdtrabanten mischt sich mit den Erzählungen des Sternenkundigen und so dringt man immer tiefer ins **Firmament.** Sternbilder tauchen auf, je länger sich das lichtverwöhnte Auge an die Dunkelheit gewöhnt. Eine detaillierte Anwendungsbeschreibung der riesigen Bögen des Horizontobservatoriums wird gespickt mit ein bisschen astronomischer Geschichte.

Für mich!
Die Anziehungskraft des Mondes spüren

Über die Balkonpromenade, welche die gesamte Halde umspannt und mit zehn Balkonen zum Verweilen und Schauen einlädt, gelangt man zur monumentalen Sonnenuhr. Meist kennt man von Sonnenuhren einen herausragenden Stab, den Sonnenstab, als Stundenzeiger. Hier dient, nach einem Vorbild des römischen Kaisers Augustus, der Schatten des aufragenden Edelstahlobelisken als Zeiger. Der **Lauf der Sonne,** der Wechsel von Tag und Nacht und das Phänomen der Zeit werden optisch begreifbar gemacht.

So viel wissenschaftliche Zeiterfassung – und doch lässt all dies die **Zeit vergessen.**

Halde Hoheward, Werner-Heisenberg-Straße 14, 45699 Herten,
Tel. (0 23 66) 18 11-60, www.hoheward.rvr.ruhr

39 *Meine Kraftquelle*

EINE AMPEL FÜRS BAD

Nirgendwo ist man dem Ruhrgebiet näher als in der Ruhr. Wirklich ins Revier eintauchen kann man an der offiziellen Badestelle in den grünen Ruhrwiesen.

Wo schon vor hundert Jahren eine Flussbadeanstalt mit einem Drei-Meter-Sprungbrett zu finden war, wurde das Schwimmen in fließenden Gewässern wieder offiziell genehmigt. Die Badestelle an der Ruhr bei Bochum-Dahlhausen wird zwar nicht vom DLRG bewacht, doch signalisieren zwei solargespeiste **Badeampeln** die Schwimmbedingungen. Bei Sonne und sanftem Fließen am Tag leuchtet ein grünes Piktogramm mit einem sportlichen Schwimmer auf, bei unbeständigem Wetter, regenbedingter ruppiger Fließgeschwindigkeit und am Abend rät ein rotes Schwimm-Männchen davon ab, das natürliche, charaktervolle Wasser zum Schwimmen zu betreten.

Für mich!
Von Kopf bis Fuß ins Ruhrgebiet eintauchen

In der **Badesaison** laden die Ruhrwiesen dazu ein, Freizeit in aller urbanen Ursprünglichkeit zu feiern. Der Uferbereich ist mit großen gelben Bojen gut sichtbar abgegrenzt. So können andere Wassersportler leichter Rücksicht nehmen und die Badenden werden erinnert, nicht zu weit hinauszuschwimmen. Neugierige **Wildgänsebanden und Schwäne** halten sich nur bedingt an die Gebote, wohl aus unklarer Kategorisierung, ob sie nun Schwimmende oder Wassersportler sind. Die Wasserqualität wird engmaschig von der mikrobiologischen Abteilung der Ruhr-Universität Bochum überwacht. Ihre Ergebnisse und die wetterabhängigen Bedingungen fließen in den Badeampel-Status ein, welcher online eingesehen werden kann.

Die **Ruhrwiesen** sind nur fußläufig erreichbar, doch nicht weit entfernt von Bus und Bahn. Die S-Bahn-Trasse trennt den Naturstreifen von Autoverkehr und Stadtbebauung. In angenehmer Entfernung befinden sich Toiletten, um lange Sonnentage ohne großen Komfortverlust genießen zu können. Auch wenn es heute kein Sprungbrett mehr an der **Naturbadestelle** an der Ruhr gibt, fallen aus der einen oder anderen sich weit über das Wasser beugenden Weide quietschende Kinder, die platschend in die Ruhr plumpsen, sodass man sich um Jahre zurückversetzt fühlt.

Badestelle Bochum-Dahlhausen, Ruhrmühle,
44879 Bochum, www.bochum.de/badestelle

POLONAISE IN DIE FINSTERNIS

„Leg deine Hände auf meine Schultern.“ Das ist der letzte Satz im Licht, der Start in die Schleuse zur Dunkelheit, hinein in puren Genuss.

Die Gäste des Finster-Restaurants reihen sich hintereinander auf, um einander zum Tisch zu folgen. Ein erster Vertrauensversuch, denn der Anführer der Menschenschlange aus nicht mehr Sehenden ist blind. Souverän geht er in den völlig **lichtlosen Speisesaal,** einfühlsam beschreibt er die Technik des Platznehmens, als spüre er die Unsicherheit der ihm Anvertrauten. Das Sehen verweilt derweil mit den Jacken und Taschen, mit Uhren und Handys an der Garderobe. Alles, was leuchtet, wird für eine Zeit verbannt, um den Verlust des Sehsinns gegen die Faszination der Kompensation durch die anderen Sinne einzutauschen.

Für mich!
Das andere Sehen

Und das ist wahrhaftig ein **Erlebnis!** Sitzt man auf seinem zugewiesenen Platz, sortiert man zuerst seine ungelenke Position auf dem Stuhl. Zum eigenen Herzklopfen mischt sich das vergnügte Stimmengewirr der Nachbartische. Schon berührt der Handrücken den Tellerrand, „Ui, kalt!“, und verharrt in einer Nicht-bewegen-Position, um nichts umzuwerfen. Die erklärende Stimme des Servicepersonals erinnert ans Hören. Fürsorglich erklärt sie, wo Teller und Besteck liegen, wo das Glas stehen sollte und dass die Ärmel vor der Soße gerettet werden dürfen.

Ein **Appetithappen** befindet sich in der Tischmitte und eröffnet das Erleben mit den noch vorhandenen Sinnen. Mit sich ausbreitender Ruhe beginnt der **Genuss.** Hat man erst einmal den Finger ins weiche, warme Etwas getaucht, schwinden Hemmungen und Gepflogenheiten: glatt und rundlich mit kammerartigen Strukturen auf einer Schnittfläche, in die man die Fingerspitze hineinstecken kann, um sie nach dem Tasterlebnis verschmitzt in den Mund zu stecken und zu schmecken. Munteres **Speisenrätselraten** und Teilen des Erlebten erfüllen den Raum. Die Augen sind geöffnet und sehen – nichts. Was für ein Gefühl! Der Kellner summt heran, im Schutz des Unerkanntseins summt man gern mit. Äußerlichkeiten bleiben unsichtbar. Wunderbar!

Dunkelrestaurant Finster, Steinhausenstraße 26, 45147 Essen, Tel. (02 01) 4 51 95 67, www.finster-essen.de

LAVAZZA

41 *Meine Kraftquelle*

WOLLIGE ACHTSAMKEIT

In tierischer Gesellschaft an Selbstverständliches erinnert werden und inmitten der Natur innehalten, achtsam werden und sich selbst wieder spüren.

Eine unauffällige Überlandstraße in Castrop-Rauxel. Nur wer die Adresse von Daniels kleiner Farm kennt, verlangsamt hier das Tempo und damit seinen Tag. Zwischen zwei Wohnhäusern liegt der Eingang zu einer Weide mit genüsslich grasenden **Wollwesen** in warmen Karamelltönen von Toffee bis Sahnecreme. Schwarze Kulleraugen nehmen jede Bewegung wahr, wache Ohren wackeln fröhlich unter voluminösen Frisuren. Wer das Zutrauen der Tiere gewinnen möchte, muss entschleunigen. Alpakas sind Fluchttiere und mögen keine hektischen Bewegungen, keine lauten Worte. So senden sie ihr Bedürfnis nach Ruhe aus, hinter der ihre **Lebenslust** verborgen liegt. Faszinierend, wie durch nonverbale Kommunikation in wenigen Augenblicken Verbindung entsteht.

Für mich!
Wohlfühlen unter flauschigen Freunden

Auf der **Alpakawiese** ist eine Auszeit im Hier und Jetzt möglich. Natalie Klein, Achtsamkeitstrainerin und Gründerin von NOWNOW achtsamkeit, leitet Workshops auf der Alpakaweide inmitten von unendlichem Grün. Sie teilt ihr Wissen über das bewusste Spüren von Stress mit den aufmerksam im Kreis sitzenden Teilnehmern. Die Alpakas sind einfach da(bei), laufen gemütlich umher, hören ihrer sanften Stimme zu. Mal halten sie inne und schauen, mal grasen sie und suchen nach Fallobst. Sie stören nicht, locken aber die Aufmerksamkeit der auf **Achtsamkeit und Selbstwahrnehmung** Konzentrierten. Damit verkörpern sie auf entzückende Weise die Reize des ablenkenden Alltags, die im Gegensatz zu den Flauschkollegen jedoch beeinträchtigen oder gar Stress verursachen. Alltagstaugliche Übungen, um im täglichen Leben Ateminseln aufspüren zu können, lassen die Interessierten gestärkt in den Alltag zurückkehren. Um vom Kopf in den Körper zu kommen und so aus dem Gedankenkarussell auszusteigen, leitet Natalie **Stråla-Yoga und Meditationen** unter Schatten spendenden Obstbäumen an.
Hätte man einen Wunsch bei einer Fee frei, so würde man diesen Ort nie wieder verlassen wollen.

Daniels kleine Farm, Bochumer Straße 275, 44575 Castrop-Rauxel, Tel. (0 23 05) 7 04 67 44, www.danielskleinefarm.de, Tel. (01 76) 69 82 40 29, www.nownow-achtsamkeit.de

42 *Meine Kraftquelle*

HERZ IN SCHOKOLADE

Eine unvergleichliche Erfahrung ist es, sich mit der Natur zu verbinden, indem man seine Seele in Kakao badet und der Welt mit Liebe und Verbundenheit begegnet.

Beim Betreten des liebevoll hergerichteten Bewusstseinsraums umfängt die Gäste ein süßlich aromatischer Duft von reinigendem weißem Salbei. Das **Räucherbündel** stimmt ein und klärt die Luft des Zeremonie-Raums. Kerzen hüllen den Ort in warmes Licht, Stille empfängt die sich selbst Besuchenden. Svenja und Michael Maleschka haben alles für eine Kakaozeremonie vorbereitet, ihre Freude und Zugewandtheit lässt Zweifel und aufwühlende Alltagsgedanken schnell verfliegen.

Hat man sich auf seinem Platz bequem eingerichtet, beginnt die Vorbereitung auf das eigentliche Kakaotrinken mit einer Boxatmung, einer angeleiteten **Atem-Synchronisation,** die Herzschlag, Atmung und Blutdruck reguliert. Aufregung und Hektik verschwinden und ermöglichen das Einfinden in die Gruppe, ein wahrnehmbarer Energiefluss wirkt harmonisierend. Erklärungen zum Kakao, der **Heil- und Lehrerpflanze** der indigenen Völker Mittel- und Südamerikas, zeigen die Verbindung der Menschen zu Natur und Mutter Erde auf. Wer mag, kann eine Intention äußern und, verbunden mit dem Anzünden eines Teelichts, wirken lassen. Dann erdet Svenjas warme, kraftvolle Singstimme die Gäste und lässt mit den Worten „Mama I feel you under my feet, Mama I feel your heart beat" umherschwirrende Fragen, Gedanken oder Gefühle verschwinden. Gitarrenklänge sorgen für den Groove, der sich mit dem eigenen Herzschlag verbindet. Spätestens jetzt darf man alles loslassen und sich ganz aufs Fühlen einlassen. Zubereiteter warmer **Rohkakao** mit einem Hauch Schärfe wird den Gästen in großen Schalen gereicht und in aller Stille genossen.

Für mich!
Samtgefühl durch herzöffnenden Kakao

Die Zufriedenheit der Gruppe findet Ausdruck in gemeinsamem Singen und intuitivem Tanz und endet voller **Dankbarkeit** in einer Metta-Meditation, der Meditation der liebenden Güte. Innerer Frieden breitet sich aus, Erschöpfung und Gleichgültigkeit verschwinden und ermöglichen eine aktive Begegnung mit der Welt und anderen Lebewesen.

Bewusstseinsraum, Konkordiastraße 22, 58095 Hagen,
Tel. (0 23 31) 3 44 30 87, www.bewusstseinsraum.de

Kakao

Heilende Bohnen

KAKAO IST NICHT SCHOKOLADE

Auch wenn die verlockendsten **Schokoladenträume** aus der Kakaobohne erwachsen, so gibt es doch Unterschiede zwischen der Verwendung als Heilpflanze und als Genussprodukt für Süßschnuten.

Die Schokolade überzieht Kuchen und Torten, ist bekannt in Schokoladentafel-Form mit vorgeformter Abbrech- und Portionierhilfe, gilt als immer beliebtes Mitbringsel und Geschenk bei Groß und Klein, schmilzt auf der Zunge als Praline und wärmt uns als heiß dampfendes Kakaogetränk. Schokoladeneisgenuss im Sommer, Schokoladenhohlfiguren in bunt bedruckter Folie, Schokoladenmaske und Schokoladenmassage für die Schönheit, sogar aus Brunnen sprudelt glänzende Schokolade und umhüllt Waffeln und Obst und Schleckfinger.

Basis all dieser Genüsse sind die bunten **Kakaobohnen** Südamerikas. Bereits die Mayas und Azteken verehrten die heilige Pflanze. Bis heute ist sie eine Verbindung zur spirituellen Welt und wird in religiösen Ritualen eingesetzt.

Praktizierende Schamanen verarbeiten die Kakaobohnen mit Cayennepfeffer und Vanille zu einem **süßen Trunk,** welcher in Kakao-Ritualen verzehrt wird. Schon früher waren Kakaobohnen so wertvoll, dass sie als Zahlungsmittel eingesetzt wurden. Umso bedeutsamer ist es in der westlichen Welt, die Wurzeln des weit gereisten Kakaos wertzuschätzen, angemessen mit den Kakaobauern zu handeln und ihnen die Kontrolle über den Anbau der Kakaopflanzen zu überlassen.
Heute gelten aus Rohkakao geschälte und in kleine Stücke gebrochene **Kakaonibs** aufgrund ihrer Inhaltsstoffe als Superfood. Durch Fermentation und Trocknung behalten sie nicht nur ihr leckeres herbes Aroma, sondern versorgen den Körper mit viel Eisen, Magnesium und wertvollen ungesättigten Fettsäuren.
Durch viele **stimmungsverbessernde Wirkstoffe** wird die Bildung der Wohlfühlhormone Dopamin und Serotonin nachweislich angeregt. Kakao gilt als natürliches Antidepressivum.
Das braune Gold der Tropen wird auch als Speise der Götter verehrt. Eine andächtige Schokoladenmeditation schenkt ein **sinnliches Erlebnis** und die deliziöse Erfüllung sehnsüchtiger Schokoladenträume.

Schokoladenmeditation

- Setze dich an einen ruhigen, ungestörten Ort.
- Nimm ein Stück Schokolade in die Hand.
- Überlege, wer an seiner Ernte, Reise, Verarbeitung beteiligt war.
- Betrachte Farbe und Struktur.
- Spüre sein Gewicht, fühle seine Konsistenz.
- Schließe die Augen und schnuppere daran.
- Welche Aromen nimmst du wahr?
- Stecke das Stück Schokolade langsam in deinen Mund.
- Behalte es auf der Zunge.
- Spüre, wie es langsam schmilzt und welches Gaumengefühl es hinterlässt.

Heilkakao

Zutaten: 300 ml heißes Wasser, 2 TL Bio-Rohkakao, 1 TL Honig oder brauner Rohrohrzucker, je eine Prise Salz, Pfeffer, Ingwer, Chili, Koriander und Vanille
Zubereitung: Übergieße den Kakao in einer großen Tasse mit dem heißen Wasser. Füge den Honig oder Zucker und die Gewürze hinzu. Rühre alles gut um, Rohkakao ist schwer löslich, ein Milchschäumer kann dir helfen. Lass den Trunk etwas abkühlen und genieße ihn anschließend in kleinen Schlucken.

43 *Meine Kraftquelle*

MALEN OHNE ZIEL

In einem rosafarbenen Kutscherhäuschen darf man sich mit Pinsel, Papier und einer überschaubaren Farbauswahl in wohliger Stille verstecken.

Hat man den Weg um die **rosa Villa** herum durch den Garten zum Eingang gefunden, so wird man herzlich in Empfang genommen. Die Jacke darf man an einen Birkenstamm hängen, die Vernunft gleich dazu. Erst schlüpft man in einen Kittel und dann mit den anderen kleinen und großen **malfreudigen Menschen** in den bunten Malraum. Die Wände spiegeln ein vergangenes, nur scheinbares Chaos.

Renate Klaschkas FlowProject ist generationsübergreifend. Jeder, der sich einlässt, darf dabei sein, ganz gleich, in welchem Lebensstadium er sich befindet. Es gibt kein „Ich kann nicht malen". Die Anleitung zum **Malspiel** ist ungewöhnlich, aber einfach: Für alle Teilnehmer gilt die Vereinbarung, nicht über das zu reden, was gemalt wird, es nicht zu bewerten und nicht zu interpretieren. Es darf einfach sein. Die Glastür wird geschlossen und der Raum mit einem weißen Vorhang in eine **Atmosphäre des Ungestörtseins** gehüllt. Hat man an den Wänden einen Platz für sein Blatt gefunden, darf man alles loslassen, was man gelernt hat. Das Malspiel beginnt und je unbefangener man sich darauf einlässt, desto mehr kann man beobachten – sich selbst beobachten!

Für mich!

Tür zu.
Nur Farbe, Pinsel,
Blatt und ich

Achtsam wählt man die mit Salbeiöl angerührten **duftenden Farben** aus. Es wird mit einer stillen Zärtlichkeit gemalt. Die hochwertigen Farben auf Kartoffelstärkebasis, die von der betreuenden Malspielfee Renate vorgewässerten Haarpinsel, die wie durch Zauberhand immer wieder frisch auf den Pinselablagen warten, und die bedingungslose Ruhe schaffen eine wertschätzende Ich-Zeit für alle im Raum.

Im Malspiel gibt es keine Vorgaben. Man lässt sich ein auf ein spontanes Malen im Hier und Jetzt, um seinem Inneren Ausdruck zu verleihen. Bemalte Blätter werden nicht mitgenommen, sondern archiviert, damit sie zum Weitermalen herausgeholt werden oder in sicherer Verwahrung ruhen können. Eine Melodie beendet den **Flow,** es geht zurück in die Alltagswelt.

Atelier FlowProject Klaschka, Bredeneyer Straße 30, 45133 Essen,
Tel. (01 74) 57 71 454, www.flowproject-klaschka.de

BÄUME SÄUMEN WEG UND LEBEN

Ein Schloss, ein Park mit majestätischen Charakterbäumen und ein See entführen in eine vergessene Welt, von der die Relikte auf dem Anwesen erzählen.

Von einem Schlossteich und malerischem Grün umgeben ragen starke Mauern aus unzählbaren Ziegeln empor. Sie sind zu einem märchenhaften Schloss mit Türmen arrangiert, verziert mit Treppen und Portalen – die perfekte Kulisse für eine romantische Hochzeit. Nun gibt es sowohl bei Hochzeiten als auch im Leben des Adels nicht nur Friede-Freude-Eierkuchen. Dem Prunk und Tanz der Feierstunde möchte manch einer entfliehen, ebenso den Gepflogenheiten und Erwartungen der Edelleute; oder ganz ohne konkreten Anlass: dem Stress, dem Alltag, dem Zuviel.

Für mich!

Schatten, Grün und Ruhe finden

Bäume kreuzen sich über einem Weg, bilden ein **Tor zum Durchschreiten,** zum bewussten Wahrnehmen einer Auszeit. Alte, charaktervolle Bäume säumen die Wege durch den Schlosspark: Sie waren schon in der Welt, bevor wir geboren wurden. Sie sind ein Sinnbild der Beständigkeit und des Wandels. Ist ihr Samen gekeimt und haben sie **Wurzeln** geschlagen, bleiben sie dort stehen und das Weltgeschehen dreht sich um sie herum. Monumentale Bäume begleiten ein **Menschenleben,** lehren Beständigkeit, trotzen Naturgewalten. Durch üppige Blüten, imposante Baumkronen und reiche Früchte vergegenwärtigen sie den **Jahreskreis,** lassen Zeit und Vergänglichkeit sichtbar werden. Bäume sind Hoffnungsträger, geben Schutz, sind Thema in Sagen und Liedern und stehen oft für Normen und Werte. Im Park sind wir eingeladen, diese alten Riesen aufmerksam zu betrachten und das eigene Leben in Relation zu setzen.

Wer die edle Parkanlage in sonnengelbem Zauber erleben möchte, sollte im Frühling herkommen, wenn eine halbe Million **Narzissen** ihre Blüten wieder aus der entfrorenen Wintererde strecken. Wer mehr von Edelleuten, dem Leben der Schlossbewohner und einer schauerlichen Sage über eine geisterhafte Frauengestalt bei Mondschein erfahren möchte, darf gern auf der Internetseite des Schlosses stöbern.

Schlosspark Herten, Im Schlosspark 15, 45699 Herten,
Tel. (0 23 66) 8 21 12, www.schloss-gastro.de

SALAT DELIKAT IM BAD

Der perfekte Sommerabend: warmer Sommerwind, unaufgeregte Gemütlichkeit, ein Freibad allein für die Kunstbadefamilie, wie die Gäste liebevoll genannt werden.

Hat man sich über eine persönliche E-Mail erst einmal zwischen anderen Kunstliebhabern auf der Gästeliste eingereiht, so bekommt man am Badetag seine selbst gebastelte, handgestempelte Eintrittskarte für das außergewöhnliche Kulturformat. Mit gut gelaunten, voll bepackten Abendfeiernden schlendert man ins **Grugabad,** nur noch den vergehenden Hauch eines tumultigen Tages spürend. Die Wasseroberflächen der Schwimmbecken spiegeln die Ruhe des Sommerhimmels wider, die Leere des Freibades lädt zur Entspannung ein. Man sucht sich einen Platz auf den **sonnenwarmen Bodenfliesen** und breitet seine Decke oder mitgebrachte Klappstühle aus.

Für mich!
Eintauchen in Wasser, Wein und Kunst

Kunstbaden ist ein Konzert, bei dem Picknicken erwünscht ist, um die Sinne ganzheitlich zu verwöhnen, und das wird hier zelebriert. Leckereien tummeln sich um die Wartenden. Hier wird Käse gewürfelt und Salatfantasie getauscht, Wein genippt und Vorfreude geteilt. Bevor die Kunst die Badefamilie mit Musik, **Tanz und Poesie** umhüllt, haben die Gäste die Gelegenheit, im Schwimmbecken erfrischende Abkühlung zu genießen. Wasser als Lebenselixier spült den Alltag ab, schenkt Auftrieb und lässt die Vorfreudigen in den Abend hineinschwimmen.

Haben sich die Muskeln beim **Schwimmen** entspannt, ist der Tag gebadet oder die Woche abgeduscht, der Magen wohlig gefüllt, darf man sich von der Kunst durch den Abend tragen lassen. Die Ohren werden in Musik gehüllt, die Augen vom außergewöhnlichen Ambiente verwöhnt und das Herz in Poesie getaucht. Mal gibt es ein Klavierkonzert an der **Elefantenrutsche unter dem Sternenzelt,** mal Glücksinspirationen von Cello und Stimme oder Tanz im Becken und am Rand. Ob man beim Kunstbaden nun sitzt oder auf dem warmen Boden liegt, die Glieder von sich streckt und in den Himmel schaut, gewiss ist, dass man dabei alles um sich herum vergessen kann.

Grugabad, Am Grugapark 10, 45133 Essen,
www.jelena-ivanovic.com

TANZ AUS DIR HERAUS

Ich. Du. Wir. Biodanza, der Tanz des Lebens, lässt sich mit diesem Motto einfangen, ist aber gleichzeitig unbändigbar lebendig und nicht greifbar.

Etwas Zauberhaftes entwickelt sich, wenn mein Ich auf dein Du trifft und im Tanz zum Wir verschmilzt. Biodanza ist ein Tanz-Erlebnis und richtet sich an alle Menschen, die Lust haben, ihrer Persönlichkeit und ihrem **Lebensgefühl** Ausdruck zu verleihen. Unabhängig von Alter und Tanzerfahrung bewegt man sich frei, ohne Choreografie in einem geschützten Raum mit Gleichgesinnten. Getanzt wird barfuß, um eine Verbindung zum Boden zu spüren. Allein durch das bloße Berühren des Tanzbodens mit **nackten Füßen** lässt sich wahrnehmen, wie selten dies geschieht, wie viele Details fühlbar werden.

Für mich!

Tanzend der Welt begegnen

Ein angeleiteter Gesprächskreis vor dem Tanzen zeichnet ein Stimmungsbild der Anwesenden, leitet ein Thema ein und verdeutlicht, dass **Tanz** nicht ausschließlich Ausdruck der Freude ist, sondern eine natürliche Ausdrucksmöglichkeit für Gefühle und Stimmungen. Startet die Gruppe dann in die Vivencia – das Erleben –, entsteht durch Blicke eine **nonverbale Kommunikation.**

Meike Staudt, Biodanza-Lehrerin, leitet mit stimmungsvollen Worten die kreativen Bewegungen zur Musik ein, tanzt die Idee kurz vor. Getanzt wird allein, in kleinen Gruppen und auch gemeinsam im großen Kreis. Einfach nur durch den Raum schlendern, sich ausprobieren, sich einlassen und die Musik fühlen. Immer wieder gibt es kurze Treffen – wie im Leben, flüchtig oder eindrucksvoll. Finden Tänzer zusammen, entwickelt sich spielerisch ein **gemeinsamer Rhythmus.** Aus willkürlichen Begegnungen entsteht etwas Neues. Lachen zieht durch den Raum und Trost legt sich um Schultern. Kaum zu glauben, was alles tanzen kann: Füße und Arme, aber auch Hände und Augen; ausgelassen, wild und hemmungsbefreit oder sinnlich und bedacht. Als „Poesie der menschlichen Begegnung" beschreibt Prof. Rolando Toro, Gründer des Biodanzas, das Wiederentdecken einer Lebensfunktion.
Würden wir mehr tanzen, wäre die Welt ein anderer Ort.

Lust auf Biodanza, Alte Bahnhofstraße 40, 44892 Bochum-Langendreer, Tel. (01 76) 43 00 83 23, www.lust-auf-biodanza.de

ENERGIE VON IRGENDWO

Eine „Tankstelle in der Natur" versorgt Erschöpfte mit neuer Kraft und unterstützt Kränkelnde durch Besinnung auf ihre Selbstheilungskräfte bei ihrer Genesung.

Wasser, Feuer, Erde und Luft sind lange die vier Elemente der Naturauffassung gewesen. Auch heute noch lässt sich die Energie dieser **Wurzelkräfte** spüren, selbst wenn die moderne Wissenschaft dies durch die Zerlegung der Welt in immer kleinere Teilchen widerlegt hat. Wie wohltuend ist Wasser: ein erfrischender Schluck, der eine trockene Kehle belebt, eine kühle Dusche nach einer Anstrengung, ein warmes Bad, das die Muskeln entspannt. Ebenso genießt man frische, sauerstoffreiche Luft: die spürbare Kraft des Windes, der mit den Haaren spielt oder Blätterkronen riesiger Bäume schüttelt. Erde, die einen festen Stand ermöglicht und Nahrung gedeihen lässt. Die Unberechenbarkeit dieser Essenzen in Form von Naturgewalten fordert Respekt und erinnert an das Bestreben der modernen Ökologie, die Erde als Ganzes zu sehen.

Für mich!
Körper und Seele in Harmonie bringen

Im **Gesundheitspark Quellenbusch** findet man auf einem bewaldeten Terrain zahlreiche Stationen, um **Wasser, Erde und Luft** spielerisch zu begegnen.

Eine Energiespirale aus Holzpfählen weist den Weg in ein Zentrum. Spiralformen begleiten die Menschheit durch alle Kulturen und symbolisieren eine Einheit von Natur und Geist. Im Großen erkennt man Spiralen als Form einer Galaxie oder als Wasserstrudel, im Kleinen als Schneckenhaus oder DNA-Helix. Wandelt man durch die Energiespirale, darf man sich aus der Außenwelt seiner eigenen Essenz nähern.

Auf einem Wiesenhügel ragt eine imposante Pyramide aus massiven Baumstämmen empor. Ein **Kraftort,** der zum Nachdenken über seine eigene Bedeutsamkeit anregt und als besonderer Ort zum Meditieren einlädt. Von Bäumen umgeben liegt eine gepflegte Kneipp-Anlage für Wasseranwendungen. Ein Hydroionisator brodelt wie ein Hexenkessel und vernebelt Wasser. Die Inhalation des Nebels ist ein **Frischekick** für die Schleimhäute. Balance und Erdverbundenheit lassen sich auf hölzernen Wackelbrücken und Drehscheiben erfahren. Welche Energie spürst du?

Gesundheitspark Quellenbusch, Osterfelder Straße 159, 46242 Bottrop, www.gesundheitspark-quellenbusch.de

48 *Meine Kraftquelle*

HÖCHSTE GAUMENSCHMEICHELEI

„Wenn wir erklimmen schwindelnde Höhen", um hoch über dem Ruhrgebiet ein Picknick auf einem Förderturm zu machen, fühlen wir uns unerreichbar für die Welt.

Schritt für Schritt lässt sich das Fördergerüst der Schachtanlage Zollverein 3/7/10 in Essen besteigen. Luftig ist der **Aufstieg** über die rostroten Stahltreppen, hörbar sind die metallenen Stufen unter den Füßen, ganz gleich, ob man aufgrund der Anstrengung ab und zu stehen bleibt oder weil man immer wieder die Aussicht genießt. Den Aufstieg zum gedeckten Tisch in 35 Meter Höhe mit **spektakulärem Weitblick** über das Ruhrgebiet sollte man wirken lassen: das Weltkulturerbe Zollverein mit dem Sanaa Kubus, die Veltins-Arena auf Schalke, die Halde Hoheward mit den Bögen des Himmelsobservatoriums. Oben wartet ein fürsorglich gepackter Picknickkorb mit Leckereien auf die Gerüstbesteiger.

Für mich!
Hoch über dem Ruhrgebiet picknicken

Vorher hat man entschieden, mit welchen Menschen man zwei Stunden über den Dingen schmausen möchte. Ob als Ort romantischer Zweisamkeit oder als extravagante Eventlocation mit Freunden oder Familie lässt es sich hier in Essen außergewöhnlich essen. Der Bergmannsgruß **„Glück auf!"**, der ursprünglich aus Freude über eine erzreiche Kohlenschicht ausgerufen wurde oder auch aus Dankbarkeit über eine wohlbehaltene Auffahrt aus der heißen Hölle unter Tage ertönte, bekommt hier eine weitere Bedeutung: „Glück auf!" – **„guten Appetit!"**, welch ein Glück, aufgestiegen zu sein, um mit einem 360-Grad-Blick dem Wind alle Sorgen und Alltagsgedanken mitzugeben und unbeschwert das köstliche Pick-a-view zu genießen.

Wem die schwindelerregenden Höhen den Appetit nehmen, der hat die Gelegenheit, einen Sperenzkes-Abend unter dem Förderturm im Sommergarten zu erleben. Dabei entscheidet die Natur, aus welchen saisonalen Köstlichkeiten ein raffiniertes Menü kreiert wird.

Zwischen den reichhaltigen **Gaumenschmeicheleien** gibt es die Chance kleiner Verdauungsspaziergänge, je nach Vorliebe als Förderturmbesteigung mit Nervenkitzel oder als Gang durch das Phänomania Erfahrungsfeld mit verblüffenden Experimenten.

Pick-a-view am Phänomania Erfahrungsfeld,
Am Handwerkerpark 8–10, 45309 Essen, www.pickaview.de

49 *Meine Kraftquelle*

BARFUSSGENUSS

Zieh die Schuhe aus und spür den Boden, auf dem du stehst! Mit jedem Schritt, mit dem du die Erde berührst, berührt die Erde auch dich.

In der idyllischen Üfter Mark lädt der Ameisenpfad zum **Barfußwandern** ein. Ohne Schnickschnack läuft man mit nackten Füßen über einen sandigen Waldweg. Eigentlich ist dies überall möglich und doch freut man sich über diese wunderbare Idee. Hat man seine Füße erst einmal von Schuhen und Socken befreit, beginnt das **Fühlen.** Alles, was sonst in einer schützenden Baumwoll-Mikrofaser-Hightech-Membran verborgen ist, beginnt zu atmen. Die Füße genießen unbegrenzten Platz, die **Zehen zappeln** freudig umher. Kühler Boden oder warmer Sand, feuchte Grasschollen mit kitzelnden Halmen und unterschiedliche Bodenfestigkeiten werden spürbar. Der Wind weht über die Fußrücken und die Barfußgeborenen suchen sich angenehme Landeplätze zwischen heruntergefallenen Kiefernzapfen. In Vertrauen suchender **Langsamkeit** und bloßer Konzentration entfernt man sich schnell von allen Gedanken, die in diesem Augenblick keinen Platz haben. Selbst der Empfang mobiler Daten ist so schwach, wie die niederrheinische Sandplatte Üfter Mark flach ist. Weiße Platten am Wegesrand, auf denen verschiedene Tierspuren erklärt werden, weisen den Weg. Schaut man zu viel in der Gegend herum oder verfällt gar in Plauderei, wecken die munter machenden Fichtenzapfen den Barfußwandernden, um ihn zurück in die Achtsamkeit zu führen.

Für mich!
Barfuß auf feinsandigen Waldwegen

Irgendwann begreift man auch den Namen des Barfußpfades. Spätestens dann, wenn beim Rasten oder Umherschauen die großen, geschäftigen **Waldameisen** über Zehen und Füße laufen und in aller Wortlosigkeit auf die Störung ihrer Arbeit aufmerksam machen. Es lohnt sich, ihnen zuzusehen, wie sie im Vergleich zu ihrem eigenen Körpergewicht unermessliche Gewichte geschickt rangieren und transportieren.

Der Rundweg misst 4,2 Kilometer, doch es liegt im Ermessen jedes Einzelnen, wann er seine Schuhe wieder anzieht.

Ameisenpfad, möglicher Startpunkt:
Parkplatz Nottkamp 5, 46514 Schermbeck

Barfuß laufen

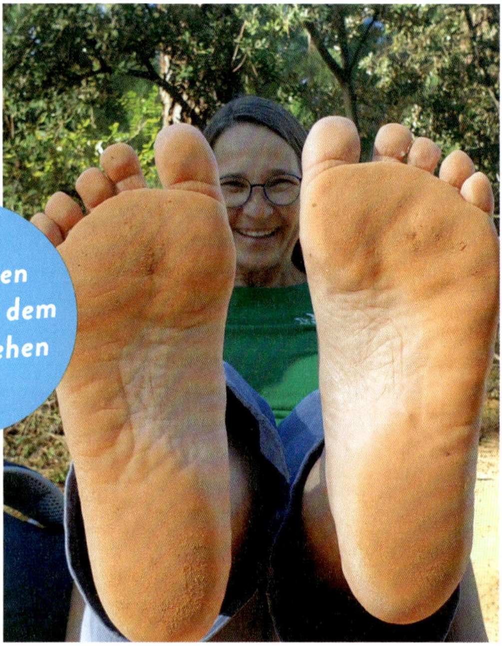

Mit beiden Füßen auf dem Boden stehen

FREIHEIT FÜR DIE FÜSSE!

Irgendwann haben wir angefangen, unsere Füße in Schuhe zu stecken, um sie vor Kälte und Verletzungen zu schützen, und dann haben wir vergessen, sie dort wieder herauszuholen. Wie ist es, barfuß über eine Wiese zu laufen, die **Füße im Sand** zu vergraben und zu spüren, wie er zwischen den Zehen wieder hinausquillt? Temperatur, Feuchtigkeit, Untergründe lassen sich mit den Füßen fühlen. Wir wollten sie beschützen und verwöhnen und haben sie entwöhnt und vergessen.
Ein paar Gründe, warum wir mehr barfuß laufen sollten:

Sinneserfahrung

Unter den Fußsohlen befinden sich sensible Nervenpunkte, die über Energiebahnen mit dem gesamten Körper verbunden sind. Auf diese Weise wird das Barfußlaufen zu einer beeindruckenden Sinneserfahrung, bei der über die **Reflexzonen** das gesamte Nervensystem stimuliert wird.

Verspannungen lösen

Barfuß zu gehen fordert eine natürliche Langsamkeit ein. Der vor uns liegende Weg wird viel bewusster von unseren Augen gescannt, um ein angenehmes Aufsetzen der Füße zu ermöglichen. Unser Körper reagiert auf Unebenheiten und Unannehmlichkeiten und **balanciert** uns durch den Tag. Auf diese Weise wird unser Bewegungsapparat durch Mikrokorrekturen gestärkt, Verspannungen werden gelockert.

Herausforderung für den Geist

Barfuß zu gehen ist anstrengend für den Körper und den Geist. Das Herz-Kreislauf-System wird aktiviert, Füße und Beine werden besser durchblutet und das Gehirn bildet neue neuronale Bahnen, um auf die ständig wechselnden Unebenheiten reagieren zu können und den Körper sorgsam an die Störfaktoren anzupassen.

Haltung

Durch unebene Oberflächen und Wegbeschaffenheiten werden beim Barfußlaufen viele Muskeln und Sehen aktiviert, um das Aufrichten und Fortkommen des Körpers zu koordinieren. Das Körperbewusstsein nimmt zu und der **Gleichgewichtssinn** wird trainiert. Beschwerden wie Fehlstellungen in Knie, Rücken und Hüfte durch falsches Schuhwerk werden vermieden. Eine stabile, aufrechte Körperhaltung stärkt wiederum das Selbstbewusstsein und führt über einen selbstsicheren Gang zu einem starken, authentischen Auftreten.

Fußmassage

- Befreie deine Füße aus Schuhen und Socken.
- Fühle mit den Füßen die frische Luft, die Umgebungstemperatur.
- Lass die Fußgelenke kreisen: nach rechts, nach links.
- Lege einen Fuß übers Knie, massiere und knete die Fußsohle.
- Drehe und beuge die Zehen sanft in den Gelenken.
- Streiche den Fuß von den Zehen bis zur Wade aus.
- Stehe auf und fühle in deinen massierten Fuß hinein.
- Nun verwöhne den anderen Fuß.

50 *Meine Kraftquelle*

DICHTERSCHLACHT ANGEFACHT

Wenn scheinbar willkürlich aufeinandergetroffene Worte zum Werkzeug werden, zum Wecker, zur Waffe, zum Waschmittel für Wunderzeug, dann ist man mittendrin im Wettbewerb der Poeten.

Poetry-Slam ist nicht mehr wegzudenken von kleinen Bühnen in Kneipen oder Cafés und großen Sälen mit Hunderten Zuschauern, die ihre **Ohren aufstellen** wie Erdmännchen, um bloß nichts zu verpassen. Die deutsche Slam-Szene zählt mittlerweile zu den größten der Welt und ist Immaterielles UNESCO-Kulturerbe. Organisiert und inszeniert werden die Slams im Ruhrgebiet von WortLautRuhr, einem Zusammenschluss von Slammerinnen, Slammern und kreativen Förderern.

Während sich das altersgemischte Publikum bei diesen Veranstaltungen zusammenknubbelt und lauscht, steht auf der Bühne der Poet mit reiner Authentizität. Mehr Sein als Schein ist Grundvoraussetzung. Darum tritt der Slam-Poet mit seinem **selbst geschriebenen Text** ohne Requisiten in seiner Alltagskleidung vor die kritische Menge und rezitiert sein geistiges Gut. Was jetzt zählt, sind das Jonglieren mit den Worten und die Kunst der Selbstinszenierung. Wichtig ist die Komposition des Gesamtwerks aus **Poesie** und persönlicher **Performance,** die verarbeiteten Themen bleiben vielfältig: Sozialkritik, Humor, Wissenschaft oder Satire, aber auch Beziehungen und Liebe – Uninteressantes wird interessant, Alltagstraumata werden zum Abenteuer.

Für mich!
Im Rhythmus des Poeten Gedanken bewegen

Ein Slam ist eine lebendige Schlacht mit Worten, in der Auftritte zwischen fünf und sieben Minuten von der demokratischen Zuhörerschaft auf kreative Weise bewertet werden. Da kann beispielsweise die Lautstärke oder die Dauer des Applauses ausschlaggebend sein. So entsteht ein Battle, eine Meisterschaft, die die Besten mit Ruhm und Ehre kürt.

Der Besuch eines Poetry-Slams ist ein **Baden in Worten:** Es wird assoziiert, abgewehrt und reflektiert. So viele Gedanken, so viele Worte, deren Bedeutungen gematcht, missbraucht und umgedeutet werden, dass für eigene Gedanken eine Zeit lang keine Worte verfügbar sind.

WortLautRuhr, www.wortlautruhr.com, verschiedene Bühnen im Ruhrgebiet, zum Beispiel im Riff, Konrad-Adenauer-Platz 3, Bochum 44787

CANYON IN CASTROP

Durch Wildwuchs schlüpfen und die Rückeroberung einer Tonabbaugrube durch Pionierpflanzen entdecken: ein idyllischer Lebensraum für Vögel und Amphibien.

Trampelpfade sind Abkürzungen oder heimliche Wege zu ungewöhnlichen Orten. Schwer erreichbar und vielleicht gerade deshalb oft so lohnenswert. Über einen solchen Weg erreicht man auch die Tongrube Leßmöllmann. Ob man diesen Abstecher gezielt ansteuert, in eine größere Wanderung einbettet oder den Radweg mit der grünen Acht verlässt, um in die **wilde Natur** einzutauchen, spielt keine Rolle. Auf einem hoch gelegenen Pfad lässt sich der Abbautrichter der Tongrube wie ein erloschener, eingeschlafener Vulkankrater umrunden.

Den Weg zur Tongrube muss man nacheinander betreten, um zwischen Bäumen hindurch den Weg in die Tiefe zu finden. Der schmale **Pfad** führt durch wild wucherndes Gestrüpp. Wo früher Ton für die Ziegelei Leßmöllmann gewonnen wurde, befindet sich heute ein einsames, kleines Naturschutzgebiet. Wie in einem verborgenen Canyon ragen die ehemaligen Abbauwände in zartem Ockergelb in die Höhe. Trotziges Grün umspielt den Weiher der Tongrube und eingebettet in diese **außergewöhnliche Szenerie** lässt sich hier bloße Ruhe mitten im Großstadtrummel spüren, beschützt vom baumbesetzten Wall.

Für mich!
Wildnis in einer übergroßen Tonschale

Die glatte Wasseroberfläche des Stillgewässers, also eines künstlich geschaffenen Gewässers ohne Fließgeschwindigkeit, liegt wie eine Perle in der Tiefe der ehemaligen Abbaugrube. Hier finden **Wassertierchen** einen optimalen Lebensraum. Libellen schwirren herum, ziehen unberechenbare Flugbahnen. Besonders schön ist ein Besuch im Frühling, wenn unzählige Kaulquappen schlüpfen und als kleine Frösche den ganzen Uferbereich des Weihers für ihr fröhliches Gehüpfe einnehmen. Dann sollte jeder Schritt eines Naturliebhabers wie in Zeitlupe mit äußerster Vorsicht gesetzt werden, um das junge Leben der kleinen Frösche zu schützen. Inmitten von **Vogelgezwitscher und Froschgequake** verstummen in dieser natürlichen Oase laute Gedanken für eine Weile.

Tongrube Leßmöllmann, Zugang über Christinenstraße, Kreuzung Franzstraße, 44575 Castrop-Rauxel, www.ruhrgebiet-industriekultur.de/tongrube-lessmoellmann

DRUMTAMTAM

Ein Spiel-Raum voll luftumhüllender Hohlkörper aus der ganzen Welt, mit Fell und voller Spannung, bereit, in einer Sprache zu kommunizieren, die keine Grenzen kennt.

In einem ungestörten Hinterhaus des Kulturhauses Neuasseln in Dortmund treffen sich Menschen zum **Trommeln.** Die Teilnehmer sind so unterschiedlich und facettenreich wie Djembé, Cajon und Conga.
Die Musikpädagogin Michaele Mohr trommelt Neugierige und Begeisterte zu einem Drum-Circle zusammen. Sobald alle einen Stuhl und ein Instrument haben, geht es mit einer wortlosen Vorstellungsrunde los. Dazu werden die Hände warm geknetet und über dem Kopf ausgeschüttelt, als würde man wild winken. „Schaut euch an", ermuntert Michaele. „Begrüßt einander mit Blicken!" **Lächeln** wird verschenkt, Kontakt geknüpft, Vertrauen entsteht. Kurz werden ein paar Trommeltöne durch verschiedene Schlagtechniken erklärt und Mut verteilt, sich auszuprobieren, zu hören und manchmal auch zu stören, denn das Leben ist auch nicht immer harmonisch und fordert von uns Veränderungen, um unser Bedürfnis nach Harmonie wiederherzustellen.

Für mich!
Mittendrin im Moment der Musik

Dann geht es los! Michaele ist Organisatorin und Moderatorin des Drum-Circles und begleitet das improvisierte Trommeln. Es wird je nach **Temperament** des Einzelnen drauflosgespielt. Ein Frage-und-Antwort-Spiel entsteht. Das anfängliche Klangchaos formiert sich zunehmend zu musikalischen Rhythmen, bis schließlich ein ausgewogenes Klangbild die Spielenden beglückt.
Dieser gemeinsame Groove wird von individuellen Provokationen belebt. Da gibt es eine, die das Tempo souverän forciert und die Gruppe mitzieht, da gibt es weitere Klangfarben auf dem bunten Tuch in der Mitte: Shaker, **perlenbesetzte Kalebassen,** ratschende Guiros aus Metall oder hölzerne in Form eines Fisches, Claves, Agogos und eine Oceandrum, um sich mitten im Schallschwall dem Wellenrauschen des Meeres hinzugeben. Man muss ihre Namen nicht kennen, weder die der Instrumente noch die der Mittrommelnden, um sich auszuprobieren. Eine **Kommunikation** der besonderen Art.

Drum-Circle, Kulturhaus Neuasseln, Buddenacker 9, 44309 Dortmund, Tel. (02 31) 10 48 12, www.life-of-percussion.de

53 *Meine Kraftquelle*

KAFFEE AUS LIEBE

Auf der Dachterrasse eines Stadthauses an der Bahnhofsstraße über den Dingen schweben oder ins Stimmgewirr des Cafés eintauchen. Oder mitmurmeln.

Öffnet sich eine automatische Schiebetür, assoziiert der eine oder die andere vielleicht den Übergang in ein futuristisches, hochtechnisiertes Cockpit eines Raumschiffs. Beim Eintritt durch die Glastür ins Kulturcafé Leye hingegen darf man eine **bezaubernde Zeitreise** ein paar Jahrzehnte zurück erleben. An der Theke bestellt man selbst: Spezialitäten mit Teikei-Kaffee, einem fair gehandelten Kaffee, der wahrlich über den Ozean gesegelt wurde, ayurvedischen Gewürztee oder Biolimonade, **Frühstückskompositionen auf Etageren** mit Pyrenäen-Bergbauernbrot, französische Buttercroissants oder warmen Porridge mit Nüssen und Früchten. In der Vitrine locken kreative Torten und Kuchen aus Bio-Dinkelmehl, mit Beeren und Früchten verfeinert, mit Rohrzucker gesüßt und Schokolade und schrillgrünen Pistazien oder Blüten dekoriert. Geht man über die breite offene Wendeltreppe in die obere Etage, öffnet sich der Raum in eine angenehme, von Tageslicht durchflutete Weite. Auf einem Rosenblüten-Teppich warten verstreute Sofas und gemütliches Caféinterieur auf die Besucher. **Üppige Grünpflanzen** schenken durch natürlichen Sichtschutz Behaglichkeit.

Für mich!
In behaglichem Retro-Ambiente Neues erleben

Ein Zitat des deutschen Dichters und Philosophen Novalis, das das liebende Herz als Schlüssel zum gelungenen Miteinander thematisiert, spiegelt das Leitmotiv des Cafés wider. Regelmäßig werden im **Kaffeehaus** zusätzlich zu den Gaumenfreuden kulturelle Veranstaltungen geboten: Kreistänze aus aller Welt werden im hellen parkettbelegten Saal getanzt. Vielgestaltige **Konzerte und Lesungen** stehen auf dem Programm, bei denen die Künstler manchmal ihr Publikum dazu einladen, auch mal experimentierfreudige Wege zu gehen und ihre Darbietungen wirken zu lassen. Moderne Kunst und eingefahrene Pfade zu verlassen, auszuprobieren, aber auch zu interagieren, zu kommunizieren sind Einladungen, denen man im retrogestylten Café Leye folgen kann.

Café Leye, Bahnhofstraße 13, 58452 Witten,
Tel. (0 23 02) 1 72 96 57, www.cafeleye.de

LICHT AN!

Winterliches Parkleuchten fühlt sich an, als wandele man durch das Innere eines imaginären Kaleidoskops mit bonbonfarbenen Farben und Formen. Schillernde Kunst!

Dunkelheit wird zur Leinwand von spektakulären Lichtillusionen. Schemenhaftes wird zur Projektionsfläche von **visuellen Irritationen.** Doch sobald man sich darauf einlässt, nicht verstehen zu wollen, wandelt man in unablässigem Staunen. Ob beim Parkleuchten im Essener Grugapark oder beim Winterleuchten im Dortmunder Westfalenpark – im abendlichen **Lichterzauber** spazieren die Besucher durch imaginäre Welten.

Art Director Wolfgang Flammersfeld kreiert jedes Jahr mit zahlreichen Lichtobjekten und Videoprojektionen Szenarien von außergewöhnlicher Kreativität. Dabei spricht er ein breites Publikum an. Übermannsgroße einzelne Leuchtbuchstaben scheinen zusammenhanglos auf einer großen Wiese zu stehen, doch je nach Perspektive puzzelt das Gehirn neue Worte zusammen. Scheinwerfer projizieren bewegte **bunte Mandalas** auf den Weg und jeder, der im Lichtkegel steht, wird Teil des Kunstwerks. Gesichter erhalten bunte Muster-Masken. Gerade noch stand man in einem leuchtenden, audiountermalten Hummelgesumm aus überdimensionierten Fluglichtern, schon staunt man über aufgeregt blinkende, außerirdische Miniroboter im Steppengarten und lauscht ihrer fremd klingenden Kommunikation.

Für mich!
Skurrile Illuminationen im Park

Die Crew von „world of lights“ kreiert **leuchtende Landschaften** in rund 20 Städten Deutschlands und hat neben dem 2018 erreichten dritten Platz bei den Londoner Dark Arts weitere internationale Auszeichnungen bekommen.

Hunderte von Scheinwerfern hüllen Bäume und Sträucher in farbenfrohes Kolorit und lassen **Licht zu Kunst** werden. Baumkronen werden zu Projektionsflächen von überdimensionierten Porträts. Und wenn man glaubt, es gäbe keine Steigerung, dann taucht man ein in eine von Queen-Klängen begleitete **Videoanimation** auf einer Wasserfontäne im Margarethensee, einem sogenannten Hydroschild, und vergisst alles um sich herum. Unzählige Ahhs und Ohhs sind der Beweis für altersunabhängiges Staunen.

Parkleuchten im Grugapark,
Virchowstraße 167, 45147 Essen

STADT – LAND – FLUSS

Umgeben von Feldern versteckt sich ein kleiner Bach in einem üppigen Wald. Zum Luftschnappen vor die Tür zu gehen, wird zum erholsamen Waldspaziergang.

Betritt man den Wald am Rand der urbanen Landschaft im Städtedreieck Bochum–Castrop-Rauxel–Herne, spürt man deutlich den Übergang von der Stadt in ein Naherholungsgebiet. Wie eine Käseglocke mit **Waldaroma** schirmt das dichte Blätterdach eintretende Spaziergänger vom Lärm und grellen Licht der Außenwelt ab. Dabei spielt es keine Rolle, ob man sich am Grün, so weit das Auge reicht, erfreut, einen die angenehme Kühle bei drückender Sommerhitze erfrischt oder der **Blätterschirm** einen Regenguss in ein sanftes Prasseln tanzender Tropfen verwandelt.

Schon nach wenigen Schritten hat man vergessen, dass man in einer Großstadt ist. Sanft wird man über gepflegte Waldwanderwege hinabgeleitet, wo der Rossbach das Tal durchzieht und einen Lebensraum für Insekten und den nachtaktiven schwarz-gelben Feuersalamander bietet. Von hölzernen Aussichtsdecks aus lässt sich der Blick ein Stück näher in die Auenlandschaft hineinverlegen. Zahlreiche **Holzbänke** verstecken sich unter Bäumen, markieren lohnende Ausblicke und laden zum Beobachten und Ausruhen ein.

Für mich!
Wald erleben im urbanen Grenzgebiet

Schließt man für einen Moment die Augen und schärft sein Bewusstsein für das Hören, erlebt man eine **Sinfonie aus Vogelgezwitscher.** Beim längeren Schauen erkennt man den ein oder anderen gefiederten Musikanten.

Das **Naturschutzgebiet Langeloh** beheimatet einen Naturpfad mit zwei Rundwanderwegen unterschiedlicher Länge. Die 4,7 und 2,1 Kilometer langen Wege sind mit gelben und roten Pfeilen auf eingeschlagenen Holzpfählen gekennzeichnet und führen an ökologischen Stationen vorbei. Über die Seite des Regionalverbands Ruhr lässt sich ein Flyer mit dem Titel „Naturpfad Langeloh" kostenlos downloaden. Die Wegführung verläuft über schmale Trampelpfade oder bequeme Waldwege. Vorbei an Pferdekoppeln und hügeligem Ackerland, die von blühenden Wildkräutern eingefasst sind, weckt die Auszeit leise Urlaubsgefühle.

Spaziergang im Naturschutzgebiet Langeloh, möglicher Startpunkt: Wanderparkplatz Langeloh und Wagenbruchquellen, Bochumer Straße, 44575 Castrop-Rauxel

STIMMKRAFT

Eintauchen in ein Meer aus Stimmen. Ganz gleich, was man denkt und was andere denken. Sich tragen lassen auf heilsamen Wellen aus Tönen, die verbinden.

Singen verbindet: verschiedene Generationen, Menschen mit unterschiedlichen Lebenswegen, in leichten und in schweren Zeiten – oder einfach nur Menschen mit Menschen. Anja Lerch lädt an den unterschiedlichsten Orten zum **Mitsingen** ein. Manchmal ist es eine Parkwiese, auf der sich Feierabendgenießer treffen, manchmal eine Freilichtbühne oder ein Saal in einer Industriekulturstätte, in dem sich Hunderte von Singfreudigen zusammenfinden. Selbstkritische Skepsis, nicht singen zu können, verschwindet schnell, denn bei Anja geht es nicht um Perfektion, sondern um ein Gefühl, das die Seele berührt.

Für mich!
Singend die Plaque von der Seele lösen

Ihre Lieder stammen aus allen möglichen Genres: **Rock- und Popsongs,** die das Herz öffnen und Erinnerungen wecken; Volkslieder, die alle kennen, bei denen man sich von Strophe zu Strophe hangelt und das Lächeln der Mitsingenden einfängt; Folk und Soul und alte Schlager, bei denen manch einer aus sich herauskommt und eine Oberstimme oder fröhliche Phrase beisteuert; aber auch Friedenslieder, die die Singgemeinschaft mit einer Hoffnung verbinden.

Anja ist **spontan und unkompliziert.** Manchmal begleitet sie ihren leidenschaftlichen Gesang auf dem Klavier. Wenn es vor Ort keines gibt, genügt ihr ein Shaker oder Händeklatschen, eine Klangschale oder ganz minimalistisch reiner Gesang. „Gesang ist meine Medizin" ist Anjas Motto, und so lässt sie ihre warmen **Töne** auch in der Natur fließen. Intuitiver Gesang für die Bäume und den Fluss, für die Magnolien und die Mondin. Auf ihren schnell ausverkauften Singabenden steckt sie jeden mit ihrer Leidenschaft an und versprüht mit ihrem Humor einen unbeschreiblichen Spaß. „Wir zieh'n das jetzt durch", hört man sie da gern motivieren, wenn das singende Publikum der Mut verlässt, weil der Kopf anspringt und bewertet und die Stimmen leiser und zaghafter werden. Singen ist **Lebensenergie** und nach einer Singsession geht man beschwingt und summend nach Hause. Einen Ohrwurm für die nächsten Stunden gibt es gratis dazu.

Singabende, Anja Lerch, Tel. (01 57) 52 60 77 28, www.anjalerch.de, zum Beispiel an der Freilichtbühne Mülheim a. d. Ruhr, Dimbeck 2 a, 45470 Mülheim

Singen

Glückshormone en masse

SINGEN MACHT GLÜCKLICH

Singen ist ein Ausdruck von Fröhlichkeit: Unbeschwert lässt sich eine Melodie unter der Dusche singen, zudem ist die Akustik in den gefliesten Wänden oft großartig und beflügelt zusätzlich. Auch im Auto sieht man am Steuer manch unbeobachteten Verkehrsteilnehmer die Lippen bewegen und den Kopf im Rhythmus wippen. Singen bringt den Stoffwechsel in Schwung, die Organe und das Gehirn werden besser durchblutet und die Konzentrationsfähigkeit steigt. Singen macht gesund. Psychologische Studien zeigen, dass beim Singen vermehrt stimmungsaufhellende Hormone ausgeschüttet werden. Die These **„Singen macht glücklich"** wird damit wissenschaftlich untermauert.
Ein zentrales Thema beim Singen ist das **Atmen.** Sänger atmen beim Singen nicht oberflächlich und schnell in den Brustraum, sondern steuern den Ton kontrolliert über das Zwerchfell. Beim Atmen in den unteren Teil der

Lungen senkt sich das Zwerchfell und drückt die darunterliegenden Bauchorgane nach unten, damit die Lunge genug Platz hat, sich zu entfalten, und reichlich Sauerstoff aufnehmen kann. Auf diese Weise erhöht sich die Sauerstoffsättigung im Blut, der Kreislauf wird angekurbelt. Beim Ausatmen bewegt sich das Zwerchfell nach oben und hilft dem Herzen, durch eine Sogbildung das Blut aus dem unteren Teil des Körpers zu pumpen. Sauerstoffärmeres Blut gelangt auf diese Weise aus den Beinen in den Rumpf. Zusätzlich verlängert sich beim Singen die Zeit des Ausatmens, da mit dem Luftstrom der Ton ausgehalten wird. Über die **vollständige Bauchatmung** wird dem Körper signalisiert, sich zu beruhigen, sodass beim Singen der Stresslevel sinkt.

In Studien wurden Speichelproben von Chormitgliedern vor und nach den Chorproben untersucht und eine vermehrte Bildung des Immunglobulins A festgestellt, welches das Immunsystem stärkt und vor Erkrankungen schützt.

Beim Singen in der Gemeinschaft wird das Bindungs- oder Kuschelhormon Oxytocin ausgeschüttet. Das **Wohlgefühl** wird durch den Aufbau einer innigen Verbindung zu den Mitmusikern verstärkt. Durch die Stimulation der Zirbeldrüse wird Melatonin ausgeschüttet. Melatonin fördert einen entspannten und **erholsamen Schlaf** und wirkt durch seinen tumorhemmenden Effekt als natürliche Krebsprophylaxe. So wacht man morgens glücklich und erholt auf und hat vielleicht gleich eine fröhliche Melodie im Kopf.

Atmen und Singen 4711

Die folgende Atemübung erinnert durch seine Atemrhythmus-Zählzeiten an den Markennamen eines Eau de Cologne. Die Zahlen stehen für die Länge des Ein- und Ausatmens, sowie die Anzahl der Wiederholungen. Auch wenn der Duft nebensächlich ist, so ist er doch die Eselsbrücke wert, sich des Öfteren an folgende Übung zu erinnern und sich damit Gutes zu tun:

- Atme 4 Sekunden durch die Nase ein.
- Suche dir einen angenehmen Wohlfühlton in deiner dir angenehmen Stimmlage und atme auf diesem Ton 7 Sekunden aus.
- Wiederhole diese Übung 11-mal.
- Spüre nach und genieße das Wohlbefinden.

57 *Meine Kraftquelle*

NOSTALGISCHE FREI-ZEIT

Analoges Ausspannen in bildschirmloser Atmosphäre gelingt, wenn man ohne seine mobilen Begleiter im alten Bochumer Stadtpark spazieren geht.

Eingebettet in **wohltuendes Grün** liegt der Bochumer Stadtgarten. Er ist einer der ältesten Landschaftsgärten im Ruhrgebiet. Mitten im städtischen Treiben genießt man freie Zeit, trifft man sich zum Spazierengehen und Plaudern. Wer ein bisschen mehr Unterhaltung als das bloße Gespräch sucht, kann eine **Runde Minigolf** auf einer der ersten genormten Minigolfbahnen spielen. Konzentriert man sich auf das Einlochen der bunten Kugeln in die Löcher zwischen der kreativen Hindernisvielfalt, bleibt nicht viel Raum für digitale Ablenkung.

Für mich!
Baumriesen und Milchhäuschen mit Soulfood

Durch den Garten im englischen Stil zu wandeln, ist ein Genuss und hält die eine oder andere botanische Überraschung bereit. Zahlreiche fremdländische Laubbäume sind in der sanften Hügel- und Talmodellierung des urbanen Erholungsgartens zu finden: Götter- und Tulpenbaum, Amber- und Taschentuchbaum. Selbst wenn dem Erholungssuchenden die Arten nicht bekannt sind, ist es Freude genug, ihre Fremdartigkeit zu bestaunen. Aufgrund ihres ansehnlichen Alters von fast zweihundert Jahren sind sie charaktervoll, imposant und majestätisch. Vielleicht entdeckt man sogar den Judasbaum – auch **Lebkuchenbaum** genannt, dessen herunterfallendes Laub im Herbst herrlich nach diesem Gebäck duftet.

Erfolgversprechender ist die Suche nach dem Milchhäuschen. Was 1884 als „Milchkur-Anstalt“ eröffnet wurde, ist heute eine liebevoll eingerichtete, zeitgemäße Location, in der Soulfood gereicht wird. In gemütlicher Atmosphäre lässt sich hier das ganze Jahr über leckerer Kuchen verputzen, dazu ein herrlich duftender Kaffee mit Milchschaum oder wohlschmeckender Tee mit im Glas taumelnden Teeblättern.

Über eine kleine Bogenbrücke erreicht man den größeren der beiden Seen des Parks. Je nach Stimmung kann man sich hier an tosenden **Wasserfontänen** erfreuen, eine hölzerne **Wellnessliege** ergattern, um übers Wasser zu träumen, oder im Tretboot über den See schaukeln.

Stadtpark Bochum, Bergstraße 100, 44791 Bochum

HALT AN UND TANZ!

Mit dem Rad in die Karibik? Das gelingt, wenn man dem Geheimtipp Salsa en el parque folgt: eine Verabredung für das Salsatanzen unter freiem Himmel.

Schlendert man an einem Freitagnachmittag durch den Westpark, erkennt man schemenhaft eine Ansammlung von Menschen zwischen den Schatten spendenden Baumriesen des alten Stadtparks. Wo nur noch Erinnerungen an den ehemaligen Friedhof existieren, pulsiert freitags das Leben. Bei trockenem Wetter erklingen **lateinamerikanische Rhythmen** und wecken Vorfreude auf etwas, das aus der Entfernung nur zu erahnen ist: Auf einer freien Wiesenlichtung befindet sich eine perfekte Tanzfläche, auf der sich Paare zur Musik bewegen. Anfänger üben das frisch Gelernte, schauen sich ein paar Drehungen und Figuren der scheinbar mit karibischem Blut geborenen Tänzer ab.

Für mich!
Tanz in der Abendsonne

DJs aus der örtlichen Salsaszene sorgen für den passenden Rhythmus. Hier wird **Salsa** All Styles getanzt, aber auch **Merengue** und **Bachata,** die ruhigere, innigere Verwandte des Salsa. Die Tanzfläche ist umgeben von bunten Decken, die sich die Tänzer zum Ausruhen mitgebracht haben. Man ist aber ebenso willkommen, wenn man nur zusieht, die weit gereisten Gute-Laune-Rhythmen genießt oder im Takt wippt. Ein paar Bänke gibt es am Rand der Holzfläche, ein paar große Bäume zum Anlehnen, um das Gesicht der Abendsonne entgegenzustrecken. Die niedrig stehende Sonne bescheint die Tanzfläche wie ein Spot, der aus dem Himmel fällt. Zu späterer Stunde übernehmen Scheinwerfer die Beleuchtung und sorgen für eine besondere **Atmosphäre.**
Es gibt Gruppen und Freunde, die sich für diesen Wochenendauftakt verabreden. Einige radeln hierher, denn es ist die beste Möglichkeit, direkt zu den Veranstaltungen „Salsa en el parque – Tanzen im Park" zu kommen. Man steigt vom Rad, legt ein paar heiße Sohlen aufs Parkett, um dann mit einem erfüllten Lächeln wieder seines Weges zu ziehen. Es ist eine perfekte Auszeit vom Alltag, die mit einer karibischen Tanzpause versüßt wird!

Salsa en el parque – Tanzen im Park, Westpark, Rittershausstraße, 44137 Dortmund, www.facebook.com/salsaimwestpark

59 *Meine Kraftquelle*

BLUMENMEER UND WASSERWELT

Vierzehn Brücken wurden eigens für die Mülheimer Gartenschau gebaut! Brücken, die jedem das Lustwandeln verschönern und zu verschiedenartigen Plätzen führen.

Vom Ringlokschuppen bis zur Ruhr, vom ehemaligen Wasserturm bis zum Schloss Broich erstreckt sich die reizvolle Parkanlage der ehemaligen Landesgartenschau MüGa. Zwischen aufwendig konzipierten Blumenbeeten zu wandeln, ist hier äußerst reizvoll. Ein großzügiger, gebogener Laubengang protzt im Frühling mit **üppigem Blauregen,** dessen Stämme sich an die eisernen Rankhilfen klammern. Blüten, wohin das Auge reicht.
Einige Stellen bieten sich besonders an, sein Bedürfnis nach Erholung zu erfüllen. Manch einer mag es, einfach am Ruhrufer zu stehen und den Schiffen zuzusehen. Am gegenüberliegenden Ufer erstreckt sich Ruhrbania, ein modernes Viertel mit Promenade und kleinen Cafés. Wieder andere bevorzugen einen Pavillon oder berankte Plattformen zum Ausruhen oder Lesen. Überall plätschert Wasser: als **verspielte Fontänen** oder in Kanälen, die von vierzehn kleinen Brücken überspannt werden. Zusammen mit den imposanten Baumriesen sorgen sie für einen abwechslungsreichen Spaziergang. An Kunstobjekten, die den Weg säumen, lohnt es, innezuhalten.

Für mich!
Mit einem Buch zwischen Blumen und Brücken

Im ehemaligen Eisenbahnwasserturm locken die größte begehbare **Camera Obscura** und eine Ausstellung zur Vorgeschichte des Films. In der Kuppel lässt sich das Phänomen einer riesigen Lochkamera bestaunen. Ein Hauch Ehrfurcht befällt den Besucher, der zwischen den alten **Burgmauern** des Schlosses Broich aus dem 9. Jahrhundert steht. Die Aristokratie musste im Laufe der Zeit anderen Nutzern weichen. Heute heiratet man hier romantisch, feiert festlich oder tagt stilvoll.
Im Ringlokschuppen finden Konzerte und Veranstaltungen statt. Außerdem beherbergt er das Restaurant Ronja. Köstliche **vegetarische und vegane Speisen** werden ausschließlich in Bioqualität serviert. Je nach Wetter kann man sich auf der Terrasse mit Eisenbahnatmosphäre oder im gemütlichen Innenbereich mit Cocktails, Kaffee und Kuchen oder warmen Speisen verwöhnen lassen.

MüGa-Park, 45479 Mülheim an der Ruhr

60 *Meine Kraftquelle*

BESUCH DICH MAL!

Durch die Glastür des Buddhistischen Zentrums zu huschen, diese sorgfältig hinter sich zuzuziehen und das Straßengrau gegen einen grünen Innenhof zu tauschen – einfach großartig.

Auf dem Kopfsteinpflaster vor dem Wintergarten des Buddhistischen Zentrums werden die Schritte langsamer und bewusster. Hier ein kleiner **moosbedeckter Buddha** an einem efeuberankten Stamm, der mit seinem Lächeln ein wenig Leichtigkeit schenkt. Dort, am Zweig hängend, ein Windspiel mit der Blume des Lebens, ein Symbol für die kosmische Ordnung und den Kreislauf des Lebens. Im Wintergarten lehnt ein großes hölzernes Regal an der Wand, ein Platz für Schuhe, die hier warten dürfen. Das Buddhistische Zentrum ist ein offener Ort für alle, die sich für die buddhistische Lehre interessieren. Öffentliche Vorträge, Körperarbeit in Form von **Yoga oder Qi Gong,** Gespräche und Meditation bereichern den Geist und schenken Besinnung. Man muss kein gläubiger Buddhist sein, um hier inspiriert zu werden: durch Stöbern in Büchern, durch Tee und zugewandte Gemeinschaft, durch **Stille** und Meditation. Dazu unterstützen die Mitglieder des Zentrums jeden Gast, jeden Neugierigen, jeden Unsicheren bei wöchentlichen Einführungskursen in **Meditation.** An Donnerstagabenden werden Fragen beantwortet und verschiedene Sitzpositionen erklärt: Lotus- oder Schneidersitz, Meditationskissen oder -bank oder ein Stuhl. Hier gibt es eine unterstützende Rolle, dort eine wärmende Decke. Niemand soll bei einer Meditation in seiner Position leiden, es geht ums bloße Sein im Hier und Jetzt, und das ist oft schwer genug. Die Atembeobachtung und die Metta-Meditation, die Meditation der liebenden Güte, werden erklärt und geübt. Anleitung und stille Einheiten wechseln sich ab. Eine Fokussierung auf den **Augenblick** hilft dem unruhigen, planenden oder grübelnden Geist, zur Ruhe zu kommen.

Ein Besuch bei dir! Bewusst das Leben spüren. Genug sein. Es ist eine wertvolle, Kraft spendende Erfahrung, inmitten einer Gemeinschaft zu sitzen und zusammen zu schweigen.

Für mich!

Möge ich glücklich sein

Buddhistisches Zentrum Essen, Herkulesstraße 13a, 45127 Essen, Tel. (02 01) 23 01 55, www.buddhistisches-zentrum-essen.de

61 *Meine Kraftquelle*

FEUER UND FUNKELN

Inmitten von Drachen und Zauberern, von Piraten und mittelalterlichen Händlern weiten sich Augen, spitzen sich Ohren, wundern sich Nasen über Düfte aus längst vergangenen Welten.

Schwellen sind etwas ganz Besonderes. Das spürt man schnell, sobald man den **Phantastischen Lichterweihnachtsmarkt** in Dortmund betritt. Dass man über die Eingänge des Fredenbaumparks an den Dezemberwochenenden, den Tagen um Weihnachten und die Jahreswende eine Wunderwelt betritt, ahnt man schon beim Näherkommen durch lodernde Fackeln und in Rauch gehüllte mystisch anmutende Bäume. Offene Feuer züngeln überall und beleuchten spärlich manch fremdartige in Felle und Leinen gehüllte Gestalt. Mittelalterliche Trommeln, Fiedel und Schalmei erklingen und mischen sich mit **Gesang und rauem Gelächter.** Aus rustikalen Tonbechern wird heißer Frucht- und Honigwein getrunken, Händler bieten ihre Waren an. Geheimnisvolle Kolben mit edlen Gesöffen, exotische Kräuter aus Übersee, Taschen und Schmuck wie aus längst vergessenen Zeiten ziehen die Umherwandelnden in ihren Bann. Es wird geschnuppert, befühlt und probiert. Gaukler und Falkner unterhalten das staunende Volk. Es gibt **Geschichtenerzähler und Feuerkünstler,** die ihr Publikum verzaubern. Ein Piratenlager liegt samt einem alten Schiffswrack am Seeufer, verborgen hinter Hunderten von schwimmenden Lichtern, die der Szenerie eine geheimnisumwitterte Lebendigkeit verleihen. Feuerspuckende Drachen und umherstreunende **Fabelwesen,** ein altes hölzernes Karussell lassen nicht nur Kinderherzen höherschlagen.

Für mich! Eine andere Welt im Zauber des Dunkels

Mit rotem Paprikapulver verfeinerte frittierte Kartoffelspiralen winden sich um einen großen Holzstab und sind nur eine Idee von vielen, um den Gaumen zu verwöhnen. Überall gibt es deftig-rustikale kulinarische Kombinationen wie auf einem opulenten Fest. Vor lauter Staunen über allerlei Gestalten und wunderliches Allerlei bekommt das Anstehen an **Feuertopf** und Fass eine leichte Kurzweiligkeit.

Den spektakulären Abschluss eines Tages bildet das Feuerspektakel. Aus den daraus entstehenden Träumen ließen sich Bestseller schreiben.

Phantastischer Lichterweihnachtsmarkt, Fredenbaumpark, Westerholz, 44147 Dortmund, www.phantastischer-lichterweihnachtsmarkt.de

RADELN NACH ZAHLEN

Mit vielversprechenden Namen wie „Glück-Auf-Trasse", „Allee des Wandels" oder „Der Grüne Pfad" spinnen ehemalige Bahntrassen ein Wegenetz für radelnde Entdecker.

Auf den Sattel, fertig, los! Mithilfe zahlreicher Wegweiser mit roter Schrift und durchnummerierten Knotenpunkten darf man sich durchs Revier treiben lassen. Schnell kommt man auf gut asphaltierten Radtrassen in einen Flow und rollt in seinem Tempo durch die **grüne Industrielandschaft.** Nennenswerte Anstiege gibt es nicht, dafür sorgten schon die alten Güterzüge, die nur über möglichst steigungsarme Schienenwege ihre Ladung tonnenschwerer Kohle und Erz durchs Ruhrgebiet transportierten. Man kann einfach drauflosradeln oder sucht auf der Internetseite von radrevier.ruhr oder in einem der zahlreichen Radreiseführer nach einer Route.

Für mich!
Entspannt durchs Revier radeln

Die Vernetzung der Metropole Ruhr ist kaum irgendwo deutlicher spürbar, denn Stadtgrenzen verschwimmen im Radwegenetz. Zusätzliche Orientierung geben die charakteristischen **Landmarken auf den Halden** und bedeutende Gebäude oder **Fördergerüste stillgelegter Zechen.** Ziegelrote Bauten und rostrote Eisenträger bilden einen fotogenen Kontrast zum üppig bewachsenen Wegesrand.

Eine besonders schöne Route führt über die **Erzbahntrasse** von Bochum aus so weit, wie die Beine trampeln wollen. Startet man an der Jahrhunderthalle, durchquert man zunächst den industrie-idyllischen Westpark. Über die Erzbahnschwinge steuert man auf die gleichnamige Trasse zu, um sich etwas später ein Päusken an der kultigen Erzbahnbude zu genehmigen.

Weiter geht es in Richtung Gelsenkirchen, vorbei an der ZOOM Erlebniswelt, wo man durch verborgene Gucklöcher Braunbären oder Robben beobachten kann. Die spektakuläre Brücke Grimberger Sichel leitet die Radler in ausladendem Bogen über den Rhein-Herne-Kanal. Das Gefühl lässt sich mit einer **Fahrradachterbahnfahrt in Zeitlupentempo** beschreiben. Herrlich!

Radrevier Ruhr, möglicher Startpunkt: Jahrhunderthalle Bochum, An der Jahrhunderthalle 1, 44793 Bochum, www.radrevier.ruhr

63 *Mein Tag Urlaub*

CHILISCHARF UND FENCHELFRISCH

Ayurveda ist bunt! So bunt wie die Jahreszeiten, so bunt wie Blüten, so bunt wie Obst und Gemüse, so bunt wie das Leben selbst – so bunt wie Anita.

Ayurveda klingt wie eine Melodie oder eine Zauberformel und löst ein Bauchgefühl und unterschiedliche Stimmungen aus, welche direkt ins Zentrum der ganzheitlichen indischen Heillehre führen. Die Philosophie des Ayurveda beschränkt sich nicht auf punktuelle Wellnessmassagen oder ein exotisch gewürztes Dhal, sondern reguliert mit einer ausbalancierten umfassenden Lebensführung das Wohlbefinden eines gesunden Körpers. Dabei ist von Bedeutung, seinen individuellen Konstitutionstyp wahrzunehmen: Lodert ein **Feuer im Körper** oder schlummert dort eher ein Bedürfnis nach **Wärme und Sanftheit?**

Für mich!
Eine Schale mit köstlichem Brei

Anita Slowig hat ihr Herz im Pott. In heimeliger Atmosphäre teilt sie ihr Wissen mit kleinen Gruppen, um die Aufmerksamkeit, die das Wissen vom Leben benötigt, auch jedem ihrer Workshopteilnehmer zu schenken. Geradeheraus, natürlich und frisch wie ihr farbenfroher Ernteteller erklärt sie der schnibbelnden und raspelnden Runde eine alltagstaugliche und vor allem selbstfürsorgliche Zubereitung fantasievoll gewürzter Speisen. Dabei spielt nicht nur die Kenntnis über Doshas – die individuellen Konstitutionstypen – eine Rolle, sondern auch die Zusammenhänge von Schlaf, Sozialkontakten, passender Bewegung und Biorhythmus. Noch klarer ist die Begeisterung im Bauch und im Herzen zu spüren: Ein bezaubernder Duft von **Zimt und Anis** liegt über den dampfenden Töpfen mit Bananen, Trauben und Kokosflocken. Mit Witz und Charme kreiert Anita einen **„geilen Matsch“.** Ayurvedische Mahlzeiten enthalten viel Feuchtigkeit, Kräuter und Gewürze, die wie Grillanzünder das Verdauungsfeuer entzünden.

In genüsslicher Stille werden die gemeinsam zubereiteten Gaumenfreuden mit gehackten Nüssen und Blüten geschmückt und mit einem wohligen „Mmmh“ verspeist. Wie eine **innere Umarmung**, eine nährende Kraftquelle verwandelt sich die zugefügte pure Energie in Zufriedenheit und stärkt für den Tag und ein bewusstes Leben.

Herz im Pott, Kunstwerkerstraße 181, 45136 Essen,
Tel. (02 01) 5 45 75 19, www.anita-slowig.de

64 *Mein Tag Urlaub*

SINNLICHES FERN-SEHEN

Vom Schiff der Weißen Flotte aus die Welt vorbeiziehen lassen, einfach nur schauen, mal nach rechts, mal nach links, weit blicken und staunen, wie grün das Ruhrgebiet ist.

An der Schleuseninsel liegt der Heimathafen der Weißen Flotte. Bunte Blumenbeete säumen den Weg über das Schleusentor zum Wasserbahnhof. Unschwer erkennt man, dass das Bahnhofsgebäude architektonisch einem **Schiffsbug** nachempfunden ist. Doch bevor es losgeht, sehen große und kleine Wasserfreunde dem fachgerechten Überwinden der Staustufe zu: dem Heben und Senken der Schiffe, dem Öffnen und Schließen der **imposanten Schleusentore.**

Auf der Insel wird vorfreudig gewartet, bis das elektrogetriebene Passagierschiff in Sicht kommt und nach einem gekonnten Wendemanöver in Position gebracht ist. Dann endlich dürfen die ausflugsfrönenden Wartenden über eine kleine Landebrücke an Bord des großen weißen Linienschiffes gehen. Nun beginnt die Schifffahrt von Mülheim durch das **malerische Ruhrtal** bis Essen-Kettwig. „Und dann muss man ja auch noch Zeit haben, einfach dazusitzen und vor sich hin zu schauen." Astrid Lindgrens Pippi Langstrumpf kann es nicht treffender in Worte fassen.

Für mich!
Entspannt durch grüne Weite schippern

Vom Schiff aus lässt sich die Schönheit des Ruhrgebiets genießen: Grüne Gräser, grüne Wiesen, grüne Weite umgeben die Ruhr in ihrem **natürlichen Flussbett.** Wasservögel sitzen am Ufer, schauen aufs Wasser. Können Vögel winken? Mit ausgebreiteten Schwingen bewegen sie ihre schlanken Körper über die Ebene oder schaukeln auf den Wellen des leisen Linienschiffes. Fünf Anlegestellen ermöglichen Zwischenhalte für eine Kombination aus Flussfahrt und Wandertour.

Wer mehr als eine Pendelfahrt auf der landschaftlich wunderbaren Strecke erleben möchte, kann eine Tageskreuzfahrt buchen. Hin und weg durchs Ruhrgebiet, stressfrei und staufrei von einem Ort zum anderen reisen und in angenehmer **Langsamkeit** Veränderung und dennoch Fortkommen spüren.

Weiße Flotte, Anleger Wasserbahnhof, Alte Schleuse 1, 45468 Mülheim an der Ruhr, Tel. (02 08) 4 55 81 30, www.weisse-flotte-muelheim.de

EINFACH MAL AUSSTEIGEN

Ein Rucksack, gefüllt mit ein paar geschmierten Broten, mit Nüssen und Obst, ausreichend Wasser, einer Jacke. Genug, um unerreichbar für die Welt zu sein.

Der **Baldeneysteig** in Essen verdient wahrhaftig den Titel Steig, denn mit seinen knapp 27 Kilometern Länge und 600 Höhenmetern windet sich der Wanderweg in abwechslungsreichem Auf und Ab um den bananenförmigen Baldeneysee. Der Ruhrstausee liegt wie ein Juwel in der Mitte des Rundweges und sorgt für **spektakuläre Blicke.** Manchmal ziehen mystisch die Nebelschwaden vom Wasser in die umliegenden Wälder, bei wolkenlosem Himmel reflektiert die Wasseroberfläche das Licht, als würde die Sonne Glitzer streuen. Der Weg selbst verläuft mal durch waldiges, wurzeliges Gelände, mal vorbei an Feldern und Wiesen. Kommt der Körper in Bewegung, bewegen sich auch die Gedanken.

Abwechslungsreich und großstadtfern lässt sich die Tour beschreiben. Startet man in Werden, wandert man durch ländliche Gebiete in Richtung Fischlaken und streift mit **Fachwerkhäuschen** und alten Höfen ein Stück Vergangenheit des Ruhrtals. Kommt man an der lange geschlossenen Zeche Pörtingsiepen und dem alten Lehn-Haus Scheppen – heute ein beliebter Motorradtreff – vorbei, wechselt man zwischen Waldwegen und Uferpromenade. Über einen alpin anmutenden Steig verlässt man die Halde Pörtingsiepen, die kaum als Zeugin des Kohleabbaus im Ruhrgebiet erkennbar ist, denn sie liegt versteckt unter einem hellen **Birkenwäldchen.**

Für mich!
Schritt für Schritt raus aus dem Trott

Über eine imposante ehemalige Eisenbahnbrücke gelangen die Wandernden in ein Naturschutzgebiet mit üppigem Ufer-Grün. Auf Baumskeletten im Wasser trocknen Scharen schwarzer **Kormorane** ihre ausgebreiteten Flügel im Wind.

Durch den Wald steigt man zu weiteren Höhen auf: zur Korte-Klippe, von der man einen herrlichen Ausblick auf den See genießt, zur Ruine Isenburg und zum Wildgatter im Heissiwald. Von dort aus gelangt man mit leerem Rucksack und einem Herzen voller Eindrücke zurück nach Werden.

Baldeneysteig, möglicher Startpunkt:
S-Bahnhof Essen-Werden, 45239 Essen

Pilgern

Ein Schritt – ein Atemzug

UNERREICHBAR FÜR DIE WELT

Manchmal scheint das Leben aus der Bahn zu laufen und wir verlieren den Überblick über all die Dinge, die auf uns einprasseln. Dann realisieren wir, dass genau das vielleicht das Leben ist. In dem Kinderbuch Momo von Michael Ende ermutigt Beppo, der Straßenkehrer, das Mädchen Momo, keine Angst vor der langen Straße zu haben. Sie solle sich nicht unnütz anstrengen aus der Angst heraus, dass sie die lange Straße noch vor sich habe. Dann käme sie aus der Puste und würde die Straße nicht schaffen. Momo solle immer nur an den nächsten Schritt denken, an den nächsten Atemzug, an den nächsten Besenstrich.

Genauso ist es beim Pilgern auch. Es kommt nicht auf das Erreichen eines Ziels an, sondern der **Weg** selbst ist das Ziel. Pilgern ist ein Merkmal aller Kulturen und Religionen und ist geprägt von der Suche des Menschen nach Gott oder – je nach persönlicher Auslegung – auch der Suche nach sich selbst. Dabei ist es eine große Herausforderung, unsere Pläne und Sicherheiten eine Weile loszulassen. Ein Üben, um Vertrauen ins Leben zu gewinnen, auch gegen Widerstände und Voreingenommenheit. Das beginnt schon mit dem Losgehen. Ganz gleich wie das Wetter ist, ob es regnet oder die Hitze der Sonne zur Anstrengung wird, ob der Weg **bergauf oder bergab** führt, ob es stupide lange, trostlose Straßen oder matschige Wege sind: Beim Pilgern dürfen wir Akzeptanz üben und dort, wo wir sind, auch ganz sein. Phasen des **stillen Schauens,** des Staunens wechseln sich ab mit Phasen des bloßen Gehens. Einen Schritt vor den anderen zu setzen schafft einen Bewegungsfluss, und in diesem **Flow** kommen auch die Gedanken in Bewegung, kommen und gehen, formieren sich neu. Durch bewusstes Fortbewegen schaffen wir Abstand. Außerdem können wir im Hier und Jetzt unsere Gedanken einfach wahrnehmen und kaum reagieren oder Lösungen umsetzen. Durch Pilgern erleben wir eine Verwandlung, eine Erneuerung. Durch den Weg kommen wir uns selbst ein Stück näher.

„Mit jedem deiner Schritte berührst nicht nur du die Erde.
Sie berührt auch dich.“ (@wiederwilderwerden)

Pilgerwege ziehen sich über die ganze Erde. Australische Aborigines begeben sich regelmäßig auf einen Walkabout auf traditionellen Songlines, den Traumpfaden. Auf dem Jakobsweg pilgern jedes Jahr Tausende von Menschen aus der ganzen Welt. Es gibt verschiedene Routen, die alle zur Kathedrale von Santiago de Compostela in Spanien führen. Eine Jakobsmuschel weist den Pilgernden den Weg, so werden sie geführt und nicht durch mühsames Orientieren auf der Landkarte vom Weg abgelenkt. Neben berühmten Pilgerwegen wie dem St. Olavsweg in Norwegen, dem Franziskusweg in Italien, dem Shikoku-Pilgerpfad in Japan gibt es zahlreiche unbekanntere, jedoch nicht unbedeutendere Weitwanderwege, die zum Pilgern einladen. Jeder hat seinen eigenen Reiz, sein weisendes **Zeichen,** seine Berufung, den Gehenden durch einen inneren Prozess näher zu sich selbst zu führen.

LAUTLOSES GLEITEN

Ob Kanu oder Kajak, allein oder mit Verbündeten, man sitzt im Boot und der Fluss ist der Bestimmer! Ruhe und Taktgefühl lehrt das Wasser ohne Worte.

Steht man vor den vielen roten Booten auf dem Gelände des Ruhrabenteuer-Basecamps, sollte man noch einmal ganz bewusst den Boden unter den Füßen spüren. Wie still und mühelos der aufrechte Stand fällt, wie selbstverständlich man einen Fuß vor den anderen setzt. Dann kommt der Übergang von Land zu Wasser, und der ist schon ein erstes **Ruhrabenteuer:** das Einsteigen in ein Paddelboot. Mit jedem Kilo, das man dem Schaukelschiffchen anvertraut, übernimmt man mehr und mehr Verantwortung dafür, in die Ruhe zu kommen: Man balanciert intuitiv aus und erspürt jede Bewegung.

Für mich!
Den Puls der Lebensader des Reviers spüren

Nun heißt es, die Einweisung des Teamers in die Praxis umzusetzen: paddeln und steuern, gleiten und genießen. Allein das bloße Dasitzen im sanften Schaukeln des Paddelbootes und die **Kühle des Wassers** entspannen augenblicklich. Langsam starten, wenn das Vertrauen in den Auftrieb des Bootes glaubhaft ist und der Wasserdruck einen angenehmen Halt bietet. Der Atem beruhigt sich, die letzte Aufregung verfliegt und man darf sich treiben lassen im stetigen Fluss der Ruhr – auf Augenhöhe mit schwimmenden Enten, die mit dem Eintauchen des Paddels einmal mehr **auf den Wellen schaukeln.** Eine Begegnung auf dem Wasser mit einem anderen Boot oder Wasservogel schafft eine Wechselwirkung, einen Kontakt ohne Berührung. Dann darf man wieder **dahingleiten** und die Fahrt genießen. Nur ein bisschen die Spur korrigieren. Das Tempo wird zur Nebensache.
Wilde Uferpflanzen säumen den Fluss, Radler und Fußgänger nutzen den ehemaligen Leinpfad, Nutrias sonnen sich am weglosen Ufer der Wasserschutzgebiete. Wildgänse besiedeln die Ruhrwiesen als Wahlheimat und Graureiher beobachten das Geschehen elegant vom Ufer aus. Kleine Stromschnellen lassen die Herzen ein wenig schneller schlagen und **Bootsrutschen** sorgen für einen Extra-Adrenalinkick. Wer diesen nicht braucht, darf gern treideln, um anschließend wieder flussabwärts zu paddeln.

Ruhrabenteuer, Langenberger Straße 1, 45277 Essen,
Tel. (0 23 27) 36 97 80, www.ruhr-abenteuer.de

Tuktu

FREUNDSCHAFTSANFRAGE

Was zeichnet eine Freundschaft aus? Inspiration, Verlässlichkeit, verbindende Interessen oder einfach ein Stück gemeinsame Lebenszeit?

Ein Hotel, das sich „Freunde“ als Leitwort ihres extravaganten Konzepts ausgesucht hat und alles darauf ausrichtet, dass diese besondere Beziehung zwischen Hotelteam und Gast mit all seinen individuellen Bedürfnissen und Wünschen zum Motiv des Wohlfühlaufenthalts wird, ist Glück! **„Glück auf!“** wird man an der Bereitschaftsstelle im Foyer begrüßt. Der Bergmannsgruß verbindet den Wunsch, beim Abfahren in den Kohlestollen ein erzhaltiges Flöz zu finden, mit der Hoffnung wieder wohlbehalten aus der heißen Hölle unter Tage aufzufahren. Im Foyer streift der Blick über kreative Wohlfühlorte, an denen gearbeitet, gelacht und geschmaust wird. Zwar verbindet man gern die **dicke Butterstulle** mit nahrhaftem Gaumenglück im Pott, hier jedoch gibt es ein feines kulinarisches Frühstücksbüfett.

Für mich!
Freundliches Zuhause auf Zeit

So **individuell** wie Freunde, die sich durch ihr Anderssein beflügeln, so gleicht auch im hotel friends kein Zimmer dem anderen. Jedes Möbelstück wurde bewusst ausgewählt, kein noch so kleines Detail dem Zufall überlassen: verträumtes Himmelbett oder glamouröses Bad, eingefangene Natur des Färbergartens oder schwarzes Zimmer, das das fehlende Licht unter Tage erlebbar macht.
Mitten auf dem geschichtsträchtigen Gelände des UNESCO-Weltkulturerbes der Zeche Zollverein, wo früher **Kumpels und Malocher** um ihren Lebensunterhalt kämpften, liegt das Zuhause auf Zeit. Spaziergänge zwischen Birken und Industrierelikten lassen das außergewöhnliche Ambiente erleben. Kultur gibt es im imposanten Ruhrmuseum, verbunden mit zahlreichen Themenführungen und Veranstaltungen. Eine Boulebahn und das kultige **Werksschwimmbad** laden zum Verweilen ein.
Die Zeche Zollverein ist vielfältig und bunt, kreativ und überraschend wie das Leben selbst. Darum sollte man mit einer Freundschaftsanfrage an das hotel friends nicht lange warten, um Erholung an diesem ungewöhnlichen Ort zu genießen.

#hotelfriends Essen Zeche-Zollverein, Martin-Kremmer-Straße 1, 45327 Essen, Tel. (02 01) 7 47 04 30, www.hotelfriends.de

#TAKE
EAT
EASY

RUNDUM GLÜCKLICH

Aus einer ehemaligen Kläranlage wird ein ungewöhnliches Hotel. Wo früher Klärschlamm gerührt wurde, darf man sich heute erholen und eigene Gedanken klären.

Übernachten in einem Abwasserkanalrohr? Wem sich allein bei dem Gedanken Bilder von stinkenden Köttelbecken, die sich früher ganz selbstverständlich durch das nördliche Ruhrgebiet zogen, in den Kopf schieben, der sollte sich sofort aufmachen, um zu sehen, wie **verrückt und kreativ** die Ruhris sind! Als Kinder versuchten wir die Luft anzuhalten, wenn wir im alternativlosen Geruchsausdehnungsgebiet der Berne radelten, und mussten uns doch immer wieder für den Duft des tränentreibenden Faulschlamms entscheiden. Nun liegt im Herzen der ehemaligen Abwasseraufbereitung das Röhrenhotel. Fünf mannshohe Betonrohre bieten eine **„rohrmantische" Übernachtungsmöglichkeit** mitten im Pott. Ein Doppelbett, frische Bettwäsche, ein Tisch, zwei Stühle und ausreichend Platz für ein Durchreisegepäck gehören zu jeder Suite. Einlass bekommt man über einen Türcode, den man bei der Buchung erhält.

Für mich!
Im Kokon aus Beton Gedanken klären

Das ausgediente riesige Klärbecken, auf das man vom Betonhotel hinabblickt, setzt die **Idee eines Färbergartens** um. Aus den Blüten der bunten Stauden lassen sich Naturfarben herstellen. Moderne Sitzgelegenheiten laden zum Lesen und Schauen ein. Ein Rundgang über das Gelände wird wörtlich, da das kreisförmige Becken den Weg vorgibt. Warum nicht einfach mal im Kreis laufen, bis der Kopf klar ist? Wer sich ein bisschen auspowern möchte, für den gibt es in freier Natur Fitnessgeräte und große Schaukeln, mit denen man fast bis in den Himmel schaukeln kann.

Auf den Luxus einer Dusche und einer Toilette braucht man trotz allem Minimalismus nicht zu verzichten. Ebenso gibt es abends ein **Bierchen im Biergarten** und morgens ein Frühstück mit frischem **Kaffee im Bistro** des alten Maschinenhauses auf dem Gelände des BerneParks, um gestärkt in den neuen Tag zu starten.

Abends darf man durch das Bullauge über dem Bett aus der Röhre in das Blätterdach schauen und auf das Licht des neuen Tages warten.

dasparkhotel im BernePark, Ebelstraße 25a, 46242 Bottrop, www.bernepark.de/parkhotel

1

FROSCHKÖNIGLICH SCHLAFEN

Eine märchenhafte Herberge, in der man erholsam schlafen kann, vom Tag wach geküsst wird und zwischen Fröschen frühstücken darf.

Zum Ende eines jeden Jahres verwandelt sich die Ruhrstraße in der Kettwiger Altstadt in eine **Märchenstraße.** Ein Fachwerkhaus trägt große Lebkuchen an seinen Fensterläden, Frau Holle schüttelt ihre Betten aus und leuchtende Schneeflocken fallen hinunter auf die Erde. Aus einem Giebelfenster hängt ein meterlanger, geflochtener Zopf. Hier lebt also Rapunzel. Übergroße gemalte Szenen aus Grimms Märchen schmücken die Fassaden.

In der Herberge Ruhrfrosch darf man nicht nur im November und Dezember vom Froschkönig träumen, sondern das ganze Jahr über in märchenhaftem Ambiente übernachten. Die liebevoll restaurierte Pension ist im ältesten Fachwerkhaus der malerischen Altstadt zu finden. Mit viel Leidenschaft und **Liebe zum Detail** wurden die ursprünglichen Lehmwände wiederhergestellt, die alten Böden freigelegt und geschichtenerzählende Eichenbalken ausgebessert. So ist der Ruhrfrosch zu einem verwunschenen Gesamtwerk geworden.

Für mich!

Im Bett einer märchenhaften Herberge

Eine Kernaussage des Märchens vom Froschkönig ist: „Versprich nichts, was du nicht halten willst!" Darum hat die Prinzessin – wenn auch widerwillig – den Frosch geküsst. In der Herberge Ruhrfrosch muss man keine Frösche küssen, allerdings findet man unzählige Frösche überall im Haus. Ebenso halten Claudia und Thomas Skibba ihr Versprechen, ihren Gästen in **nostalgischem Ambiente** einen komfortablen Aufenthalt zu bereiten. In geschmackvoll eingerichteten Zimmern mit hochwertigem Interieur können sie **stilvoll** übernachten. Der Stadtteil Essen-Kettwig liegt direkt an der Ruhr und bietet zudem eine Auswahl verschiedener Wassersportaktivitäten. Umliegende Wälder und Felder laden zu Wanderungen ein und die historische Altstadt mit ihrem Tuchmacherbrunnen, verwinkelten Treppen und schmalen Gassen, an die sich hübsche Läden und gemütliche Cafés reihen, schafft eine **zeitlose Idylle.**

Ruhrfrosch – Herberge an der Ruhr, Ruhrstraße 32, 45219 Essen-Kettwig, Tel. (0 20 54) 8 74 56 10, www.ruhrfrosch.de

IDYLLISCHER RUHRLAUB

Manchmal braucht es wenig, um zufrieden zu sein: Beim Campen hat man ein bisschen Zeit fürs Ungestörtsein – es braucht nur ein Buch, einen Kaffee und ab und an einen Blick aufs Wasser.

Sie kommen von fern, um das Ruhrgebiet zu entdecken, um **Urlaub** im Grünen zu verbringen. Sie kommen aber auch aus der Nachbarschaft, um dem Alltag zu entfliehen und aus dem Karussell der Gewohnheiten für ein paar Tage auszusteigen: die Gäste des Ruhrcampings. Sie verbindet das Bedürfnis nach Ruhe, nach Einfachheit, nach Ausspannen. Ein Leben am Fluss – ohne Überfluss, wenigstens zeitweise.
Entdecken lässt sich der magische Ort von der gegenüberliegenden Ruhr-Uferseite. Beim Radfahren oder zu Fuß sieht man **bunte Bauwagen,** die sich vergnügt aneinanderreihen. Bepflanzte Blumenkästen hängen an ihren Fenstern, kleine Tische mit Stühlen stehen davor. Platz genug für ein kleines Frühstück oder ein Glas Wein am Abend, um den schwindenden Tag gebührend zu verabschieden. Eine **Bank am Ufer** und sogar eine umgebaute silberne Mülltonne mit bunten Kissen, die nun einem Strandkorb ähnelt, verraten, dass der magische Ort auf der anderen Uferseite eine außergewöhnliche Herberge ist. Während der **Fluss** unermüdlich vorbeifließt, spiegelt sich die Welt unter wunderbarem Wolkenblau auf seiner glatten Oberfläche. Hier darf man eintauchen, eintauchen in die Ruhr und ins Ruhrgebiet. Hier darf man seine Komfortzone verlassen und vielleicht schon vor dem Frühstück ein paar Züge im Naturgewässer schwimmen.
Ein paar vereinzelte Zelte und Wohnwagen stehen am imposanten Ruhrdomizil, der **Luxusvariante für Auszeitliebende.** Ebenso gibt es die Möglichkeit, in einer Ferienwohnung zu übernachten. Und trotz aller Einfachheit braucht man auf die Annehmlichkeit warmer Duschen und Toiletten in einem gepflegten, großzügigen Waschhaus nicht zu verzichten. Der Tag lässt sich mit Spaziergängen vertrödeln, auch entspanntes Paddeln im Kanu oder auf einem SUP oder der Besuch des fußläufig erreichbaren Eisenbahnmuseums mit nostalgischem Flair in Bochum-Dahlhausen sorgen für ein paar erfüllte, stresslose Stunden.

Für mich!
Nichts tun.
Das Leben fließen lassen

Ruhrcamping, In der Lake 76, 45279 Essen,
Tel. (01 78) 1 56 39 10, www.ruhrcamping.com

Bibliografische Information der Deutschen Nationalbibliothek
Die Deutsche Nationalbibliothek verzeichnet diese Publikation in der Deutschen Nationalbibliografie; detaillierte bibliografische Daten sind im Internet über http://dnb.d-nb.de abrufbar.

Konzeption/Satz: Droste Verlag, Düsseldorf
Einbandgestaltung: Vernice Collet, Düsseldorf
Fotos: Tanja Weßkamp-Lenkewitz und Christoph Weßkamp, außer: Birgitta Kelbch: S. 87; Renate Klaschka: S. 107; Leander Gabriel Liebe: S. 55; Pickaview: S. 117; procuratio: S. 135; Kerstin Spahn: S. 59; www.stock.adobe.com: S. 16 (Ivan Kruk), S. 30 (ImHope), S. 46 (Cyril), S. 62 (Microgen), S. 92 (valya82), S. 104 (PixieMe), S. 136 (ferkelraggae), S. 156 (by-studio)
Textlektorat: Kirsten Witte-Hofmann, Leipzig
Druck und Bindung: LUC GmbH, Greven

FSC www.fsc.org MIX Papier aus verantwortungsvollen Quellen FSC® C011279

ISBN 978-3-7700-2454-4
www.droste-verlag.de